大
方
sight

大争之世

论中国文明重建

孙皓晖 著

中信出版集团|北京

图书在版编目（CIP）数据

大争之世：论中国文明重建 / 孙皓晖著 . -- 北京：中信出版社, 2025.7. -- ISBN 978-7-5217-7759-8

Ⅰ . K233.07

中国国家版本馆 CIP 数据核字第 2025T4T099 号

大争之世：论中国文明重建
著者： 孙皓晖
出版发行：中信出版集团股份有限公司
（北京市朝阳区东三环北路 27 号嘉铭中心　邮编 100020）
承印者： 河北鹏润印刷有限公司

开本：889mm×1194mm 1/32　印张：7
字数：94 千字　插页：1
版次：2025 年 7 月第 1 版　印次：2025 年 7 月第 1 次印刷
书号：ISBN 978-7-5217-7759-8　定价：69.00 元

版权所有·侵权必究
如有印刷、装订问题，本公司负责调换。
服务热线：400-600-8099
投稿邮箱：author@citicpub.com

目 录

序　　大争铸剑论沧桑 ———————————— 1

（一）突围——秦统一中国文明的"8+3"次战役

一　　秦统一中国的历史条件 ———————————— 3
二　　统一首战：老军担纲　一战灭韩 ———————————— 15
三　　灭赵大战：军政并举　对峙待变 ———————————— 22
四　　灭燕之战：放弃和平统一幻想　重回战争统一 ———————————— 34
五　　灭魏之战：新锐首创　水战中原 ———————————— 41
六　　大国之战：灭楚灭齐 ———————————— 47
七　　终结乱世，铸就一统 ———————————— 64

（二）重建——重新思考秦帝国的制度与文明

八　　重新认识秦人和秦帝国的兴起 ———————————— 75
九　　关于秦帝国中央集权的历史辨析 ———————————— 84
十　　秦崛起之后为何速亡 ———————————— 95
十一　秦制度的历史缺陷 ———————————— 101
十二　假如秦帝国没有速亡…… ———————————— 108
十三　中国文明的三大跌落 ———————————— 112
十四　儒家代表不了中国传统文明 ———————————— 119
十五　中国文明重建的基础问题 ———————————— 125

（三）——— 启今 ——— 大争之世与当代中国

十六	大争之世的难关：反霸破交　正大崛起	137
十七	大争之世的根基：变法图强　坚持改革	155
十八	大争之世的核心：法治文明　聚结民心	169
十九	大争之世的聚合力：文明融合　文化认同	178
二十	大争之世战略法则：强力反弹　有限扩张	187
二十一	大争之世的新精神：马克思主义中国化问题	194
二十二	中国新法家：复兴大潮中涌现的新文明理念	200

序
大争铸剑论沧桑

当今世界，正处于百年未有之大变局中。

百余年前，当时世界上以英国为代表的工业国家群，完成了从资本主义国家向帝国主义国家的转化，由此开始了向世界侵略扩张的时期。这一时期，是历史上最具罪恶性的老殖民主义时期。其典型方式，是以输出毒品（鸦片）的手段开道，武装占领别国领土，进而以帝国主义群制造的"国际法"为依据，直接在别国常驻军队，以勒索战争赔款为手段，对被占领国家进行敲骨吸髓式的深刻掠夺；被占领国的人民，必须是它们的奴隶；被占领国的政府，必须是它们的奴隶总管；否则，立即镇压，立即拿掉。历史地看，整个19世纪都是老殖民主义播撒罪恶的灾难时期。

那一时期，整个地球的一大半，都沦为了殖民地灾难的渊薮。

这一期间的两次世界大战，是帝国主义群的两次自我爆炸。

自我爆炸的根本原因，是帝国主义国家群因掠夺过甚而积累的"消化不良"。这种"消化不良"，首先是被占领国家的激烈反抗；其次，是帝国主义国家的错误应对——暴力镇压，对革命的进一步激发。也就是说，力图生存的病人遇上了装扮成"医生"的强盗，战争杀戮就变成了最方便的"治疗"。于是，图存求生的病人与强盗医生之间，必然是生死存亡的搏杀。两次世界大战的最深根基，就是老殖民主义时代的丛林法则大爆发。这两次世界大战，使人类社会遭受了有史以来规模最大、受害程度最为深重的两次劫难。

"二战"之后，世界对国家共处方式有了一定的自觉认知。

世界出现了最大型化的国家组织——联合国。

以联合国为平台，国家关系出现了一个体系化的运行法则。现代国际法，此之谓也。在国际法的框架下，众多国家终于有规则地相处了数十年之久。尤其在经济贸易领域，联合国世界贸易组织的存在，使世界各个国家的生产能力与互补作用，得到了较为顺畅的发展。其间，虽有局部摩擦与地缘冲突，但是没有影响大局的稳定发展。

历史地看，从1945年到21世纪前十年，六十余年里，世界国家群的相处法则是大体有度的。但是，其间发生的种种国家争端，已经渐渐在累积各种国际矛盾了。这些争端的最重要根源，就是美国越来越在经济领域偏离全球化趋势，越来越以本国利益至上为标准，处置国家之间以文明交流及商贸互通为根基的全面关系。依据历史实践所呈现的矛盾关系逻辑，这一时期一旦有非逻辑破坏因素出现，事物状态便有发生重大变化的可能。

终于，这个非逻辑的破坏变数出现了——

2017年1月，特朗普就任美国第45任总统。

从1945年联合国成立以来，特朗普就任美国总统，是72年间最重大的国际事件。因为，特朗普是一个十足的另类政客，在世界国家元首群中从未有过；商人身份，偏狭怪异，冲动多变，言而无信，随意性极强。在任何一个选民成熟的国度，这样的人物都是不可能当选为国家元首的。可是，在百病缠身的美国，这样的怪异人物在病急乱投医的美国社会，居然嚷嚷着一系列谎言许诺（一周结束俄乌冲突、使美国再次伟大等），还真就上台了。

2025年，特朗普第二次上台，担任美国第47任总统。

特朗普再任美国总统，拉开了世界历史新变局的序幕。

特朗普上台两次，为政的基本点，是对世界正常秩序的严重破坏。

特朗普的政策逻辑，有四个最显著的特质：其一，美国利益至上，推动西方国家不断提高国防预算，制造世界紧张局势，抛弃了美国自"二战"以来有所坚持的国家道义制高点。其二，投机于世界热点冲突，以调停方自居，在俄乌冲突上以破坏邦交法则的手段，以屡屡碰壁的结果，使自己成为世界瞩目的人物。其三，个性冲动，政策多变，不具有大国政策所需要的基本连续性与稳定性，动辄出现随机决断，对国家信用造成严重破坏。其四，价值理念畸形化发展，力图通过轻松的金融操弄牟取终端大利，在世界范围内"薅羊毛"，增加美国人的福利，为选举获胜奠定基础；在此价值根基上，长期忽视工业生产体系的建设，导致美国工业生产逐步空心化，重工业制造能力正在衰退，前沿高科技领域的创新率正在下降。

美国陷入如此困境，当然不是特朗普两任总统所能完成的"历史功绩"，而是美国在长期发展中由诸多失误累积所造成的结果。但是，一个基本点是明确的：特朗普是一个破坏性变量元素，没有特朗普，美国的下滑趋势是缓慢的、不清晰的，与世界国家的裂缝扩大是需要时间积累的；有了特朗普，美国社会的根基缺陷则迅速深度暴露，美国与世界的裂缝也在迅速加深加宽。

复杂局势的明朗化，永远是事物在质变时期才能出现的。

在特朗普的推动下，西方世界屡次破坏自"二战"以来形成的国家关系法则。在对俄罗斯的经济制裁中，瑞士银行甚至打破了数百年在中立原则基础上的坚实信用度，恶意冻结了俄罗斯的西方资产，使美国西方世界的国际信用毁于一旦。当下，在世界经济贸易中，特朗普推出的超高关税率，成为历史上从未有过的恶例，导致大国贸易有可能走向脱钩断链的最坏结局。

诸如此类的恶例，都在强烈地警告世界——美国主导的西方世界的道义价值观，是一张张画饼；它们的许诺，是一篇篇谎言；只要美国一旦需要，这些光鲜谎言就会变成一桩桩包括战争杀戮在内的丑恶的国际犯罪。

美国霸权的罪恶作为，渗透于时时事事，无处不见。

特朗普的恶政，开始了美国霸权大幅衰落的过程。

此间，另一新兴力量的出现，成为推动这一过程的重大元素。

这个重大元素，就是东方中国无可阻挡的正大崛起。

中国是一个具有五千余年历史的文明国家。从上古时期的大禹治水，创建夏王国，便开始了自己的国家历史，五千余年没有中断。一个显著的特征是，中国民族群从来没有离开过自己的国土，包括在遭受侵略战争的灾难时期，中国人民都没有过大规模逃离本土的现象发生。这样一个不畏战争、不畏劳苦、勇于创新的民族群在当代世界的重新崛起，是美国西方世界从来没有遇到过的一种陌生力量，是美国西方世界从来没有想到过的历史现象。

美国霸权的衰落，新兴中国的崛起，是当代世界格局发生重大变化的两个基本点。美国霸权的衰落，几如中国春秋战国时代的王权松动——"高岸为谷，深谷为陵；黄钟毁弃，瓦釜雷鸣"。在内在质变的诸多领域，中国的发展速度都远远超出了美国西方世界的预判。在美国西方世界的研究机构与情报系统提供的预测报告里，中国不知道"崩溃"了多少次；可是，每次报告之后，都是中国力量的巨大发展，都是中国的巍然矗立。

这种面对中国的"测不准"现象，从"二战"之后就开始了。

20世纪50年代，美国国务院出版了一本厚厚的白皮书，全面检讨对中国政策的失误，国务卿艾奇逊就此专门写了序言——是谁丢掉了中国？其基本看法是：美国不是中国的敌人，美国长期奉行的对中国政策，都是有利于中国的；中国新政府的对美政策，是一场历史误解；中国文明在历史上的真正敌人，是北方的俄罗斯帝国（苏联）；以后的历史发展，将证实这一点。

美国人的短视目光，使他们忘记了自己国家经常在国际场合强调的一点：国家关系是随着利益关系的发展而改变的。中苏关系在此后虽有波折起伏，有过摩擦对立。但是，在美国霸权存在的国际格局中，其主流始终是围绕反对世界霸权而发展的。苏联解体后，中俄关系渐渐趋于正常化，在共同反对世界霸权的历史目标下形成了一种新型大国关系——不结盟，不针对第三方的反霸权合作。

中国正大崛起的根基，是"二战"之后的国家新生。

这种新生，有两个基本点。其一，是20世纪初期从西方传入中国的马克思主义理论体系。马克思主义传入中国之后，经中国共产党人的马克思主义中国化的创造性修订，为中国文明中的"革命"传统（自汤武革命开始）提供了新的思想根基，使传统的仅仅立足于政权替代的"革命"行动，有了以理想社会为目标的完整理论体系。中国（改朝换代）的革命，从古老的以实现"大同"社会为目标，转化为以共产主义（在历史实践中修改为社会主义）为历史目标的社会运动，思想根基有了富于真实魅力的翻新。

其二，是中国社会出现了一个新型政党——中国共产党。这个政党，信奉的就是马克思主义、列宁主义，及其之后由中国共产党领袖毛泽东所创造的毛泽东思想。这一思想创造，产生于救亡图存的历史大潮之中，既是历史实践经验的总结，又是创造性地发展。这一政党，历经了严酷的风雨磨炼，付出了前所未有的重大牺牲，成长为富有斗争经验，富于建设精神，富有领导能力的现代化执政党。

中国共产党的社会实践与理论创新，形成了无可抵挡的历史魅力，在不到三十年的时间里就使中国完成了新生力量的胜利替代——1949年10月1日，中国新政权成立，开始了新中国独有的脚步。

新中国的脚步，就是一部以反对大国霸权为基础的独立自主国家的伟大历史。由于美国西方世界对中国文明的陌生与不适，新中国在国际社会的脚步一度特别艰难。立国之初，突逢朝鲜战争爆发。中国的新兴执政党没有低头，中国人民没有屈服，高唱"雄赳赳，气昂昂，跨过鸭绿江"，历经三年，终于打败了"美帝野心狼"，结束了鸦片战争以来的屈辱历史。此后的数十年中，老一代共产党人领导中国人民高举"全世界人民团结起来，打倒美帝国主义"的反霸大旗，在世界格局中形成了前所未有的"第三世界"新力量。

历史地看，没有中国力量始终如一地坚持反霸斗争，就没有今天突逢特朗普关税大棒时以中国为主导力量的多国对抗现象。正是在中国力量的坚持下，国际反霸斗争一步步发展，才有了今天的方兴未艾的反霸大格局。

一个在本质上发生巨大变化的新时期，就这样不期而至了。

由霸权国家主导的世界格局，已经出现了巨大而深刻的结构性裂缝；各个地域的国家力量正在重新组合，形成了多方力量重新组合的多元化新格局。这一新格局必将继续发展，终将对世界国家文明的发展造成事实上的重大影响。在这种历史性变化之中，反霸力量必须确立"底线"意识——准备好应对突如其来的战争。因为，霸权国家的最后出路，就是发动战争；没有应战精神，就会在战争中失去一切。

中国先秦时期，有过一部著名的兵法著作《司马法》。其中有两句著名的法则性概括——"国虽大，好战必亡。忘战必危"。

第一句，"好战必亡"，是对霸权国家的法则。

第二句，"忘战必危"，是反霸权国家的底线所在。

一个国家要坚持正义原则，要反对霸权，要保持独立自主，最重要的就是要时刻确立包括应对战争在内的"大争"精神，确立国家安全意识，以防在霸权战争中毁于一旦。

至少，我们要做到不能忘记战争。

美国的霸权语言，正在随着声音频率的增高而一次次减弱。

美国的霸权行为，正在随着行动频率的提高而一次次失效。

毛泽东主席有一句著名的格言:"有利的情况和主动的恢复,往往产生于再坚持一下的努力之中。"这句话告诉我们,只要我们持之以恒,我们在坚持正义的道路上必然能获得最后的胜利。

孙皓晖

一 突围

秦统一中国文明的「8+3」次战役

一

秦统一中国的历史条件

任何历史转折性事件，都是在一定的历史条件下出现的。秦统一中国，更不是一蹴而就，而是在春秋战国历经五百余年社会发展的基础上，迎来了这么一个历史性的窗口。在秦始皇开始统一中国的时候，秦国的内外历史条件，都有了巨大的变化。我先说内部条件，也就是秦国自身的条件。

第一个历史条件：
经济实力极为雄厚

和山东六国比起来，它的经济实力是超一流的。具体指标，首先是它占有的国土，在秦昭王时期就已经达到了"五个方千里"。依据当时的度量衡数据，以今天的公制计算方式换算，也就是一百二十五万平方千米，大体相当于当时中国的六分之一。和山东六国分别比较，它已然占据优势了。就具体地域说，战国末期的秦国，大体包括了今天的陕西全境、四川全境、重庆全境域及三峡、宜昌等南郡地区，及当时的云梦泽水面。西南，还包括了云贵高原的周边部分。西北，包括甘肃的绝大部分。华北，包括内蒙古的一部分，也就是当时的"河南地"，黄河主流（北河）以南的地带。东部，包括了今日河南的整个黄河北岸，叫河内郡；还有以洛阳为轴心的河外地区的三川郡，以及崤山函谷关这边一大块。也就是说，它的国土面积在当时已经非常大。在这片辽阔的土地里，有两个天下显著的粮仓：一个是成都平原，修了都江堰，号称天府之国；另一个是关中，修了郑国渠以后，四百多万亩渭北农田，变成了丰裕的良田。自此，关中号称京城天府。在那个时候，一个战国拥有两座巨大而丰裕的粮仓，是天下唯一的。

所以，秦在后来发动战争期间，能够一鼓作气进行十年统一战争,尤其是对楚国之战,第一战没拿下来,失败了,能够在短短几个月内第二次发动六十万大军连续进攻,这和经济实力有极大的关系。因为,现代知识告诉我们,经济力量和后勤力量不行,战争就是不可靠的,古典文明时期更是如此。这是秦国经济力量雄厚的两个指标。第一是国土大,第二是内在的粮产量和一系列经济指标都非常超前。

第二个历史条件:
秦国建立了一支强大的新型军队

可以说,从秦孝公变法开始,秦国的军队经历了三个历史时期的变化。第一时期,是秦孝公商鞅变法以后所建立训练的新军。这就是商鞅收复河西的新军,当时只有五万人马,就已经在天下打出了威风,被天下称为秦国"锐士"。

第二时期,是秦昭王时期白起的大发展。具体说,就是秦惠王到秦昭王长平大战之前的几十年里,秦国军队获得了巨大发展。这里的基本点,首先是秦国坚持法治，坚持强军，又有历史上超强的一个统帅，就是战国时代的名将白起。白起对秦军的训练与提升，一方面是扩大了规模，秦军第一次扩大为四十万大军的规模；另一方面，秦军在当时全部完成了重装变革，达到了当时的最高技术装备。秦军的远程攻坚兵器，当时在整个天下首屈一指，绝对没有对抗的力量。在第二阶段强军之后，由于秦昭王在长平大战之后犯的严重错误，秦军的发展跌入了一个低谷。在秦国这个跌落的阶段，秦军的力量没有扩大，大体维持在二三十万，再没有能力进攻山东六国。正因为如此，秦王嬴政亲政以后面临的局面，就是如何使秦国重新强大起来，重建一支强大的军队，以作为统一天下的基础。

这就是第三时期的新型秦军的再度创建。总体说，嬴政亲政以后大体分三个十年，第一个是富国强兵十年，第二个是统一天下十年，第三个是统一文明与反复辟十年。在第一个十年里面，秦国除了全力修建郑国渠，又在这个时候作出重大决策——重新训练新型大军。秦王任命王翦和蒙恬为统帅，两位假上将军,全力职司练兵。所谓假,就是代理上将军的意思。因为秦是以军功授爵位,你还没有打仗,不能说明你就能做这个上将军,所以先为代理上将军。这时候秦国的经济实力已经比山东六国大大增强,所以秦国新军一下扩大到了六十万主力大军的规模,而且连续训练数年,装备与战力已经完全恢复甚至超越了白起时期。

在公元前230年以前,也就是在秦王富国强兵的十年里,秦军已经有了一支强大的新军。新军的标志,第一是装备特别好,白起时代的高科技远程兵器全部恢复。因为,秦王这一批庙堂大臣都是一帮能才,对日后的统一战争所面临的主要问题,都做了清醒的研究和判断。以后面临的主要是攻坚灭国大战,你要打下六国都城,必须具有强大的攻坚能力。所以,攻城的远程兵器,秦国是非常强大的。一支超强的新军已经建立起来了,这为在战争连绵的战国时代统一中国,奠定了一个最具实质性的硬实力条件。第二是涌现了一大批年轻杰出的将领。王翦、蒙恬、王贲、李信、杨端和、冯劫、冯去疾、章邯、赵佗、屠睢、马兴等，秦军一片朝气蓬勃。

第三个历史条件：
庙堂整肃，人才济济

最高决策层，也就是古典语言所说的庙堂，是国家运转的大脑，决定着国家的命运。秦国在这个时候，高层决策层已经聚集起了一大批杰出人才，其英明决断，其同心会商，在山东六国是从来见不到的。这个时候，秦王是嬴政，我们都知道。丞相是王绾，李斯是长史。《史记》说的"李斯用事"，就是李斯在核心决策层起实际的筹划作用，是非常重要的角色，直接协助秦王决定天下大事。还有大才，谋略家尉缭，是国尉。当时的国尉不直接管打仗，而是军事建设的战略管理。尉缭是历史上杰出的兵法家，他给秦国统一天下提出了很多解决方案。军事方面的上将军是王翦、蒙恬。总管农业的经济大臣，是水利大师郑国。

秦国庙堂还有两个大外交家，一个叫顿弱，一个叫姚贾。这两个人，后来都是封侯的大角色，其基本任务就是率领两支庞大的外交队伍，专门深入山东六国中间去，进行分化战，同时率领秦国的秘密情报队伍展开反间谍战。这是尉缭子提出的方案，由这两个人具体操作。后期山东六国为什么能出现土崩瓦解的局面，和这两支情报队伍的外交战是有巨大关系的。这是庙堂整肃，军政大才齐全。高层决策上人才济济，可以说是一个最高端的基础。

第四个历史条件：
秦国建成了当时最发达成熟的法治社会

商鞅变法以后，秦国在我们中国五千年的历史上，建立了唯一的法治社会。秦国的法治社会，完全符合我们今天的法治社会的两个最基本标准。第一个标准，秦在立法上非常完整，凡事皆有法式。也就是说，凡是人类的基本活动，都有法律规定的条文。秦在立法上的完整性，在古典时代达到了空前严密的程度。无论是云梦泽竹简，还是后来的里耶竹简，其呈现出来的秦法条文，都说明了这一点。这是立法上的完整性。第二个标准，是司法本位得到了彻底实现。我们都知道，一个国家是不是法治社会，最根本的衡量标准不是立法，而是司法。为什么？因为在司法实践中，立法的意义不是决定性的，立法只能把制度立起来并公布出来，把静态出发点——法律所要达到的目标规定出来；至于法律公正能否在实践中实现，只有靠司法活动去完成了。

  商鞅这个伟大的法家，执法思想非常彻底，非常明晰。他有一个著名的思想："国皆有法，而无使法必行之法，法必出，令必行，至矣！"这句话翻译出来是什么意思？就是任何国家都有法律，但是都没有能够使法律自动运行起来的法律。所以，法律如何得到真正的贯彻，在于司法，而不在于立法。因为，执法行为是由人组合成的国家机器的活动，是由一个一个智慧生命组成的多层级群体，其活动弹性之大，很难整齐，也很难准确。这就是执法的难处。所以，法律如何能得到真正的贯彻，在于司法，而不在于立法。所以，法必出，令必行，才能达到治理国家的最高境界。商君的司法本位论，在那个时候是非常彻底的。西方直到近代法制出现以后，资本主义法制出现以后，才认识到司法本位的重要性，才确立了近现代法治理论中司法本位的决定性作用。

秦国建立的法治社会，在华夏整个天下里面，是非常彻底的。它的法治文明，比山东六国强大不知道多少倍。我们必须明确一个前提，七大国并立的战国时代，每一个国家都在变法，不是只有秦国一个变法。战国时代至少有三次大的变法浪潮，秦国是在第二次变法浪潮中变法，只是变法得最彻底，而不是唯一的战国变法。前面有李悝在魏国变法的经验教训，有吴起在楚国变法的经验教训，还有齐国以整肃吏治为开端的变法的经验教训。所以，商鞅的法治思想非常成熟，在秦国发动的变法非常彻底。经过二十多年的变法，秦国建成了一个真正的法治社会。建成法治社会的意义，在于秦国政治文明已经大幅度地超越了山东六国。

第五个历史条件：
战国末期的山东六国同时下滑衰颓

颇具意味的是，在具备上述条件的同时，一个最大的外部条件也恰恰出现了，这个历史窗口顿时就清晰起来了。这个外部条件是什么呢？就是在秦国富国强兵的十年里，山东六国齐刷刷下滑，堕入了政治黑暗时期，堕入了大腐败时期。每一位君王都很差，最无能的昏君全都集中在这个时候出现了。有人认为这是神秘现象，是命运使然。我们可以排着国家名字数一数。

先说三晋韩赵魏。韩国是韩王安。历史上凡是说名字的，都是亡国之君。因为他已经死了，没有后继王族来给他追认谥号了。没有王号，就是韩安，史书称为韩王安。韩安是一个大权谋之君，醉心权术，阴谋误国。魏国是魏王假。魏假声色犬马，最喜欢养狗，就是不干正事。赵国是赵王迁。赵迁更是一个年轻暴躁残酷荒淫的大昏君。他是一个"转胡女"所生，用今天话说，是胡汉血统混杂。继承王位以后荒淫腐败，陷害李牧，重用大奸臣郭开，等等，都是他干的。

燕国君主是燕王喜，老王，紧盯权力，能力平庸昏聩。他的儿子太子丹很能干，但是发挥不了作用。楚国稍微好一点，楚王叫负刍，也没有谥号，一个平庸的末世君主。整个楚国的封主们撬不动，联合不起来，国事非常无力。齐国君主是齐王建，也就是田建，一个恋母情结非常严重的变态君主，对国事没有任何主张，任由太后留下来的一个叫作后胜的人做丞相掌权，庙堂一塌糊涂。齐国后期，开始和山东六国分道扬镳，就跟今天英国脱欧一样，脱离山东六国合纵抗秦联盟，单独与秦国媾和。直到亡国为止，齐国已经五十年不打仗了。在战国时代，半个世纪不打仗，那可是惊人的，军队整个荒废了。齐国军队本来是非常强大的，以"技击之士"见长，就是远程投掷、弓箭射技等，在全天下非常有名，所以是技击之士。而在秦王嬴政进行十年富国强兵之后,齐国军队已经非常衰弱了。

总体上说,山东六国的政治情况、庙堂情况、国力情况,在这一时期都非常低落,政治混乱,法治下滑,经济落后。当这样的天下格局出现时,向一思潮已经形成了。也就是说,当时全天下有为之人,都认为应该走向统一了。在这个时候,秦王嬴政才和庙堂大臣们商议决策共同判断,应该统一天下了,应该向山东六国出兵了。

二

统一首战：

老军担纲 一战灭韩

虽然山东六国大衰，但在面临灭国绝境时一定不会自动投降。一旦进入战争状态，是以更强大的状态被激活过来，还是以另外一种状态被灭亡，都不好预判。在这一点上，秦国君臣非常清楚。所以，在出兵首战上也非常慎重。当时秦国君臣的英明之处，就在于对统一战争的艰难性有清醒的思想准备。秦王君臣庙堂决策的最后结果，决定从实力最弱的韩国开始，先试手统一首战。这就是统一天下第一战——灭韩之战。

灭韩之战，发生在公元前230年，大体半年多结束。有两个基本点值得注意。第一个，秦国站在道义制高点上，以邀请在韩国长期遭受冷落的大法家韩非子入秦为开端，做到师出有名。第二个，在军力的使用上，秦国很有策略意识。

先来说对韩国的道义压力。韩非，是韩国一个王子，是荀子的学生，和李斯一样，是荀子的两大弟子之一。韩非是一个杰出的法家理论家，虽未亲自主持过变法，但其著作已经在各国广为流传。秦王嬴政非常喜欢韩非的著作，往往看到半夜睡不着觉，拍案不断，边喝酒边读。其中，最让秦王感动的是韩非子的《孤愤》篇。韩非子的《孤愤》篇写了什么？写的是战国以来变法的艰难及法家的流血牺牲。韩非子的《孤愤》篇，可以说是法家命运的宣言书。秦王认为，韩非是在天下推行法治的一个大才，于是派出李斯为使者，正式向韩国强力邀请韩非到秦国做丞相。对于长期不用韩非的韩国，这是一种强大的压力，也是一种实际的谴责。

当时韩国上层，被权谋政治笼罩。国君韩安表面上作出畏惧秦国巨大压力的惶恐姿态，实际上则是将韩非入秦看作一根救命稻草，寄希望于韩非说动秦国进兵别国，借以挽救韩国。最终，装作勉强同意韩非到秦国去。也就是说，韩王安送韩非赴秦，是一种权谋，是要把秦兵之祸引向他国，而把韩国保存下来，使对韩之战开展得越晚越好。

韩非是一个大法家，一生最大的缺陷就是不能割舍韩姓王族的韩国，对韩国有浓厚的愚忠心态。这很矛盾，也是人性。一方面，韩非把他的书郑重其事地赠给了秦王；另一方面，入秦后又给秦王上书，说秦国进兵的方向应该首先南下灭楚，而不是东进。秦王君臣立即意识到，韩非子提出的秦军南下的方略，是要保护韩国，而不是为秦国统一中国谋划。秦国庙堂人才济济，李斯首先反对。李斯看了韩非上书以后，对秦王回了一篇很长的上书，详细批驳了韩非主张的不可行性，以及背后包含的移祸之心。李斯说，楚国是最大最难打的国家，秦国如果贸然在首战之时向南进军，有可能陷入泥潭里多少年拔不出来；韩国则不一样，和我们近在比邻，很好拿下；从中原开始，是最方便、最正当的策略，不能像韩非说的向楚国进军。韩非的用心被识破，秦王非常愤怒，认为韩非以秦军将士的牺牲为代价而移祸移战；按照秦法，如此有意误导的谋划者，是应该被斩首的。结果是，秦王也没有明令，在历史记载不明的情况下，韩非在监狱就被"自杀"了。也有说是李斯送去的毒药，是李斯害了韩非。这种说法没有道理。

韩非一死，秦韩关系就很简单了，秦国在道义上就有了出兵理由。

公元前230年秋，秦国派出了一支老军，不是王翦、蒙恬训练的新型大军的主力，而是一支驻守于关中地区的守备军。此时，秦国已经训练出了一支新的大军，但是对韩之战没有出战。为什么？这就是策略意识。一是韩国很弱，老军足以担纲。二是秦国不想在主要的大战之前亮出新军，震恐天下。所以，秦国在六十万新军存在的情况下，启动了还没有解散的二十万城防军。这支城防军，由内史腾率领。内史腾，是一个名字与官职的合称，官职加人名。内史，掌治京畿地方；腾，是人名。在战国时代只写名而不写姓，一般是王族。所以，统兵将领是内史郡郡守嬴腾，史书上笼统地写作内史腾。

内史腾率领着二十万左右大军压向韩国的时候，将近冬天。当时，韩国军队开出郊野作战。没有什么像样的战斗，一战就把韩国的城外军队击溃了。紧接着发动对都城新郑的攻坚战，还没认真打，新郑就破城了，韩安就被俘虏了。韩国就此灭亡，战争在年内就结束了。这是第一战。灭韩之战本身没有任何戏剧性，在作战方面没有什么值得借鉴的。因为，韩国在战国末期国土已经大为缩小，军队又太衰败。

我们如果简单回顾一下韩国灭亡的教训，是很有意义的。

韩国灭亡，在于这个国家不务正道，只在权谋政治上下功夫。战国时代，愚蠢的政治乌龙事件，最多的就是韩国。韩国第一个最大的政治乌龙，就是派自己的水利科学家进入秦国，帮秦国修水利工程，其思维匪夷所思。其结果，几年之后郑国渠修成，秦国大富。

第二个政治乌龙，在秦国的吕不韦时期，韩国竟然挑动当时奄奄一息的洛阳周天子，叫周天子出面号召诸侯抗秦。周天子说我没有军队，没有财力，拿什么抗秦。韩国说我给你钱，我的军队可以穿上周天子军队的服装作战。周天子一听高兴了，周氏残存的臣子也高兴。他们替我们打仗，又给我们钱，为什么不接受？周天子就向秦发出挑衅。结果是，吕不韦亲自率军，不但灭了周，而且把穿着周军红色服装的韩军全部消灭。韩国就这样把自己最后一支军队送进了灭亡的路径，钱粮也送进去很大一部分，除了加快衰落，最后自己什么都没落下。

第三个匪夷所思的政治乌龙，就是将完全有能力在韩国实行变法强国的大法家韩非束之高阁，最后却被当作挽救亡国灾难的救命稻草送进了秦国。在战国大争时代，这是完全不可理喻的政治腐败。

这就是韩国，热衷权谋，就是不变法，不务正业，整天想歪门邪道，怎么把哪国坑一下害一下，怎么通过暗杀手段来消除对手。韩非最后跟韩安这个王兄发生了巨大的矛盾冲突，原因就是韩非提出的变法主张，韩安根本不可能接受。韩非痛斥韩国庙堂不务正业，不守正道，唯务邪术。从根基上说，韩国的灭亡就是这个国家长期以来的术治思想，长期以来的阴谋政治，浸染渗透庙堂的时间太长，使这个国家的政治思维已经非常地不正常化。从来不寻求国家正常发展道路，从来不走正道，不搞经济，不抓民生，不抓法治，不抓强军，今天跟这个联合一下，明天跟那个勾兑一下，以苟延残喘为能事。这样的国家灭亡是必然的。

韩国灭亡以后，山东六国并未掀起大的波澜，既往的合纵抗秦运动根本没有发动迹象。各国仍然在各自的黑暗轨道上运转，完全丧失了应有的警觉。之所以如此，既和秦国没有出动新型大军有关，也与韩国早已臣服秦国有关。韩国被秦国统一兼并，在五大国看来几乎是必然的结局。在这样的列国麻木的现实条件下，秦国的统一战争就正式迈开了最重要的一大步。

三

灭赵大战：

军政并举　对峙待变

统一中国第二战，目标是赵国。

熟悉战国历史的人都知道，秦赵同源。在上古五帝时代的族系起源时期，秦赵是同属以皋陶、伯益为领袖的秦族。大秦族系在五帝时期有七十余族，就是七十多个大部落组成的一个大族系。大禹治水时期，秦族是同时治水的主力族群之一。秦族领袖伯益被舜帝隔代遴选为大禹的接班人。但大禹治水成功之后，将权力交给了自己的儿子启。启发动政变，杀了伯益，秦族猝不及防全体溃散。所以，秦族与夏族有了大仇。四百余年后，商汤寻觅到隐匿山海的秦人后裔，双方结盟，在鸣条之战灭了夏。灭夏之后，秦人成为商王朝镇守西部的军旅诸侯。

六百余年以后，周人灭商。周灭商以后，秦人不愿意服从周王室的新统治，三分逃亡。一部分逃往北方，就是后来的赵地。核心族群嬴姓人口，逃往西部，就是陇西地带的西汉水上游河谷地带。其余族群纷纷向江南淮南隐逸逃亡。这是秦人的第二次分散迁徙。

赵国，就是由逃亡到北部的那一支秦人所建立的。这支秦人在逃亡过去的一百多年后，出了个著名的驾车能手，叫造父。造父为周穆王驾车，日行千里，帮助周王消灭了一次叛乱，被封在赵城，也就是赵地。从此，他们成为赵人。就是这支赵人，经过几百年的发展，到春秋末期成为晋国的军旅大族。这就是赵人赵国的简单来源。赵人和秦人本来是同宗的，所以史称秦赵同源。

秦赵这两个大族群，在血性上，在战斗意志上，在战力水平上都相当高。所以说，灭赵之战，是秦国面对最强大对手的一次战役。赵国从赵武灵王胡服骑射以后，就成为山东六国的战略屏障，长期抵挡着秦军的风暴冲击。灭赵之战，是秦国在统一战争中最大的考验之一。

灭赵之战，是在灭韩之战的次年发生的。公元前230年灭韩，公元前229年立即发兵攻赵，并且出动了最精锐的全部主力新军六十万。这说明，秦国在灭韩之前，对赵国作战的准备已经开始了。在军事上说，秦国并没有将韩国当作真正的对手，战争的重心准备始终是对赵国作战。能不能一战灭赵，秦国庙堂事先也不好推测，只能认真扎实地准备。

公元前229年，
秦军由王翦统率，三路进兵对赵作战

第一路，由副将杨端和率军十万，从河内郡的安阳北上，压迫邯郸方向，直指赵国腹心地带。第二路，王翦亲率四十万大军，开赴太行山最北边出口——井陉口，直接对阵李牧的防守大军。第三路，由另外一个副将李信，十万大军从草原绕到赵军后面待命。能不能打，随时听从王翦号令。这是秦国的三路大军。同时，以顿弱为首的外交队伍在政治

上对赵国全面渗透、腐蚀、瓦解。

当时赵国的统兵大将,是李牧。李牧是战国后期名将,战无不胜的将军之一,曾经两次率军战胜秦军。他率领的大军,就防守在井陉口后面的广阔地带。这里,既是赵国都城邯郸的大屏障,更是当时赵王迁经常驻跸的赵国陪都信都的直接屏障。王翦为什么要亲自率领秦军主力出井陉口,就是为了和李牧大军对峙,使赵军主力不能脱离这个主战场。需要说明的是,在赵国末期的黑暗政治下,有大奸臣郭开掣肘,李牧及李牧大军的处境此时已经非常艰难。加上秦国外交名臣顿弱外交队伍的渗透,李牧大军获得的国家支援力度已经非常有限。

王翦大军开到井陉口要塞之后,和李牧大军保持对峙,但不急于进攻。三个月之间,才进攻了一次。进攻这一次,既为试探赵军的防守战力,也是为了叫赵军明白秦军的战力。王翦大军当然不可能在一个山谷里面全部展开,而是瞄准最主要的陉口进行局部进攻。结果,秦军战力确实非常强大,让李牧大为震撼。但是,李牧亲自指挥反击,也造就了秦军打不下来的这个局面。双方都觉得很难打。这一次进攻战之后，这个方向的战事基本就停下来了。

王翦坚持对峙而不急于猛攻，是等待开战后赵国内部的变化

这是王翦不同于一般将军的政治洞察力。赵军的变化，就是赵国内政的变化，及连带引起的赵军结构的变化。果然，就在对峙的冬天，李牧在赵国被害了。最大的抗秦统帅，死于庙堂阴谋之中，这是赵国的悲剧。李牧被害的原因，既是这个时候顿弱率领的庞大外交团队分化赵国的结果，也是赵国大奸臣郭开与昏庸残暴的赵王迁庙堂昏聩的结果，更是赵军内部分裂势力自毁根基的结果。

郭开是战国时代著名的卖国大奸之一。这个人表面上非常正直，是伪君子的典型，男色女色都不近，一生最大的酷好就是权和钱。郭开的野心是取代赵氏为王，与秦国合力灭赵，使秦国封自己为新赵王。所谓被顿弱买通，就是以这个野心为条件，

与秦国达成卖国盟约。以后，郭开就想办法诱使赵王迁更加堕落，声色犬马，腐败到不问任何国事。国事怎么处理，赵迁都懒得听郭开汇报，听任郭开去处理。最后达到的程度，郭开甚至想在这个时候发动政变直接称王。但是，郭开忌惮李牧率领的赵国边军，几十万人的精锐力量是他不可逾越的。他曾经想办法收买李牧，但被李牧坚决拒绝。

李牧是一个堂堂正正、坦坦荡荡的英雄名将，胸中作战奇谋在战国是超一流的。他把郭开的阴谋看得很透，坚决拒绝。郭开眼看收买不了李牧，就开始陷害李牧，从拉拢他的部下开始。郭开利用"转胡后"——那个荒淫无度的太后，把一个王族副将赵葱先拉下水。然后命令赵葱在军队里造谣生事，离间李牧大军将领，营造搜罗反李牧的势力。李牧的军队很快出现了分裂，虽然还没有达到哗变的严重程度，但是已经差不多了。一部分力量主张立即向王翦大军发动进攻，认为李牧大军长期不动，值得怀疑。这显然是找出来的借口。

李牧当然也想决战，但是依据他的作战经验，认为王翦的作战思路很缜密，不能轻易出战，一定要等到合适的时间。因为赵国的军力是散布在各地的，赵国当时的动员能力也相对要差一些，军队运动到位需要费很大的劲。在这个时候，李牧就已经成为庙堂与军中的怀疑对象了。一些与李牧有共鸣的将军，在赵国的黑暗政治下有退出作战的，有劝李牧另谋出路的，军队已经开始了分裂。这就是说，在与秦军对峙的时段里，赵军内部已经出现了动摇分裂。这个时候，唯独李牧的副将司马尚与李牧同心作战。在冬天来临的时候，赵军因为粮草供应不济，已经无法作战了。因为郭开掌握大权，有意拖延对李牧军队的粮草供应。李牧无奈，回邯郸为大军争取粮草。在回到邯郸几天之内，李牧就莫名其妙地消失了。《战国策》的记载是，李牧在庙堂觐见赵王时，被郭开势力秘密暗杀了。

　　李牧被害以后，赵军战力几乎溃散。王翦立即大举进攻，主力从井陉口突破长驱直入。安阳北上的那一支秦军，则直逼邯郸。从赵国边境压下的秦军，则从赵军背后进攻。冬天过后，春天来临，一次全面大进攻，就把赵军主力击溃了，把邯郸拿下了，把赵王俘虏了。整个赵国，只有废太子赵平带一支残余力量逃亡北方代地，仓促建立了代国，以图待机恢复赵国。当时的秦军，并没有立即追击这个流亡政权。一直到公元前222年，就是秦消灭最后一个国家以前，王贲率领一支骑兵，先是东边追杀燕王喜，回过头来再把代国这支大军最后灭掉。所以这个灭赵之战，是"1+1"次。当然，第二战是补充性的，第一战是决定性的。

秦军统一中国之战的基本特点

必须注意到，秦军统一中国之战，最大的一个特点，就是只打击溃战，不打歼灭战，不连续追击残余力量。灭韩第一战是这样，灭赵第二战也是这样。这说明，秦国发动统一战争之前，对战争方式已经明白确定下来了。依据历史实践，这一战争方式的逻辑是，普天之下都是我们的民众，军吏军人变成民众后也都是我们的人口，不能打歼灭战；只要对方不抵抗，我把都城占领了，把国王俘虏了，把各国分治的政治符号抹掉，华夏统一起来就行了，其余问题留待后续消化。所以，只要对方战败，主力军丧失战力，核心城池被占领，对方不再抵抗，就算作战任务完成。这是秦军在军事思想上的一个重大变化。秦统一中国，连灭六国，能够打得基本顺利，不搞屠杀，不搞歼灭战，这个新的军事思想是非常重要的原因。

  顺便说到，王翦这个人的作战思想和作战才能。王翦是战国最大的名将之一，其后无论哪个时代评名将，都有王翦。通常说战国四大名将，起翦颇牧，就是白起、王翦、廉颇、李牧。廉颇挤到这四个人中间，有点勉强。而王翦是当之无愧的。但是，王翦的作战思想是什么，作战特点是什么，历代没有一个人明确总结过。史称王翦无奇战，也就是说王翦打仗，每一战你都看不出来出其不意之处，就是打胜了。王翦无奇战，打了一辈子仗，没有一仗号称匪夷所思。为什么？依据历史实践，王翦最大的特点就是不出错。我不求出奇，我有优势兵力、优势装备、优势后勤，能打则打，不能打就跟你对峙消耗，一直耗到你出错、生变。他不出奇，他也不犯错。这在大规模军事对峙中，是非常罕见的一种稳定品质。战争规模越大，王翦越冷静。对赵作战，他亲率主力大军跟李牧对峙将近大半年，在保证秦军自己不出错的同时，冷眼等着对方出错。后来，他率六十万大军南下与项燕对峙十个月左右，也是这样。总归是没有必胜战机，我就坚持对峙，牵制你不能脱离战场，等待你出错而给我战机。同时，我也不出奇。因为，任何出奇都有一定的风险，除非万不得已的生死之战，不出奇最保险。这当然需要一定的条件，就是秦军有绝对优势才能这样做。尤其在统一国家的灭国之战中，这是最为稳妥的战略理念。李信之所以在灭楚之战中惨败，就是丢弃重装备而轻兵突袭所致。当然，另外一个重要原因，是秦王极端信任王翦，赋予他全权作战指挥权。不然，像后世的很多昏君，你率领大军出去花太多钱，或三个月不打仗，我就要处理你了，很多将军就这样被整死了。

灭赵之战结束，秦王嬴政亲自驾临邯郸善后。

其中，有两点值得留意。一则，是赵高奉命率人杀掉了秦王母子当年留居赵国时的恩怨人士，但赵高扩大杀戮范围，引起赵人恐慌。秦王派蒙毅审理赵高罪行，蒙毅定赵高为死罪。秦王赦免赵高死罪，降低赵高爵位留用。二则，秦王命李斯大宴赵国郭开等"有功"人士，密令顿弱、蒙毅纵火王城，烧死了一班野心家与奸佞臣子。

自此，灭赵战役基本结束，治理暂以秦法为主，留待统一建制。

今问秦策

问

灭赵之战有何历史启示？

答

灭赵之战最大的历史启示，就是战争态势的变化寓于国家政治之中。赵军如果不是李牧被害，可能还会对峙很长时间。

当然，这只是一种可能。赵国当时那么腐败黑暗，不可能不出问题。所以，赵国的灭亡，是在秦国全面的攻势——政治攻势、情报攻势、军事攻势、经济攻势下——比预想的要顺利一些。

四

灭燕之战：

放弃和平统一幻想　重回战争统一

第三战是灭燕之战。

按照正常步骤，灭赵之战后，王翦大军顺势北上，在燕国一片惊慌之际可以很迅速解决燕国问题。可是，实际情况是，灭赵之战在公元前228年夏末结束，直到次年——公元前227年夏，才开始对燕国作战，中间有一年左右的空档。这一年左右，发生了什么事情，使灭燕之战延缓下来？

这是因为，灭赵之后，或者说，在灭赵大战开战的同时，燕国就派出各种各样的使节，不断向秦国示好。燕国知道赵国灭亡之后，下一个对象肯定是燕国。因为大军北上，渡过两条河以后就到蓟城，也就是燕国都城。燕国不断请求献地称臣，归附秦国。当时没说投降，而是效仿此前的韩国向秦国称臣。在战国末期，弱国向强国称臣，实际上都是权宜自保之计。燕国在正式派出荆轲之前，曾派出使节提出，要向秦国献上它最肥沃的高地——督亢之地。据历史考证，督亢之地是蓟城附近的一片高地，非常神秘，非常丰裕，有宝藏，还能种粮，被燕国视为宝贝，列国也很是关注。所以，燕国提出把这个地方献给秦国，以求向秦国称臣媾和，不要对燕国发动战争。

接到这些信息以后，秦国的研判及应对是这样的。首先，非常明白这是燕国的缓战之策，不能当真。其次，尉缭子、王绾、李斯等认为，纵然燕国不是真心归并，但在会见使节时向燕国施加强大压力，打消燕国幻想，也许能促成燕国不战而归并；若能争取到这个结果，当省去秦国一次大战，也能给后续的统一战争带来连续效应。秦王嬴政也赞同这样的方略，想在统一之战中找到一条和平统一的路径。

于是，秦国下令王翦大军驻扎燕国边境不动，暂不向燕国开战。

这一驻扎待命，就是好几个月。王翦大军的情报系统，了解燕国动态，实际上也支持秦王的努力路径。所以，他始终没有向秦王询问为什么停战。后来的实践证明，他的政治判断非常正确。

此间的公元前227年夏秋之交，荆轲以燕王特使身份率领燕国正式使团到了秦国咸阳，要给秦国献上督亢之地，表达称臣媾和的愿望。结果我们都知道，发生了荆轲刺秦的故事。实际情况是，秦王摆开了最隆重的仪仗队伍欢迎荆轲。这么盛大的仪仗阵列，就是为了认真表示秦国是重视和平统一的，是以最盛大的仪仗迎接燕国特使的，本意是给后来者看的。

荆轲刺秦的故事，是一个传奇故事。战国四大刺客，荆轲列在首位。这并不是说荆轲的剑术功夫列在首位。荆轲作为刺客，其本领可以说是四大刺客里最差的。无论是力量还是速度，都很一般。我在《中国原生文明启示录》一书中，依据《史记》

记载的场景，规划了一个实验。历史场景是：荆轲拿着地图长卷坐在秦王案前，秦王坐在对面，两人一案之隔；荆轲打开地图卷轴，图穷匕见；荆轲当时的具体动作是，左手抓着秦王的衣袖，右手操起匕首刺向秦王胸前；秦王向后纵身跃起，挣断了袍袖，一下子较远距离地退出了荆轲的匕首威慑范围；然后荆轲跃起追赶，秦王绕着柱子飞跑。

我设定的物理实验是：依据战国尚坊工艺，制作一件蚕丝王袍，对衣袖部分做拉力实验，看王袍袖子要多大的力量才能拉断，从而测出秦王的爆发力与速度性。今天就咱这单衣服，谁抓住你袖子，你要想一下子把袖子拽断，向后倒纵出去，也绝非易事。宋代的《太平御览》记载，秦王嬴政身高一米九几，一下子能把袍袖扯断，能向后纵出，其综合功力应该高出荆轲许多。

接着，荆轲绕着柱子追秦王，中间被殿上太医夏无且拿着药包正好打到脸上，荆轲没有躲过，被呛得迟了几步；接着又把匕首抛出去，却扎到了铜柱上。一个这么大的刺客大侠，却躲不过一个老太医抛来的药包，飞掷匕首又完全脱标，你说他本事有多大。

两相对比，可以说秦王的功夫素质了得。为什么？秦王本身有胡人血统，在身体素质与武功锤炼方面也很强大。秦统一中国后，嬴政遇刺好几次。一次，晚上在兰池宫遇盗，四个卫士被杀死了三个，就只剩一个卫士和秦王战至最后，杀死了全部刺客。正常推理，对方进攻的人至少有十个。在那种情况下，他仍然参战攻击，人还没有死，可见他本身是很有战斗力的。所以，以秦王当时的能量和体力，战斗力应该说远远超过荆轲。他在逃跑过程中拔剑，拔不出来，赵高喊了一句"王负剑"，他就把剑弄到背后拔了出来。他这把剑是特制的王剑，比一般的三尺剑长。我们在南越王赵佗后裔的墓里见到，最长的铁剑有四尺多。他一旦把剑拔出来，一剑就把荆轲两条大腿砍掉了。荆轲坐到地上，靠着铜柱子才给自己找理由，说我本来早早可以杀死你，不杀死你就是想生擒你，把你擒回去给太子丹看。这完全是借口，而且找得太拙劣。荆轲的匕首是经过淬毒实验的，只要刺出血丝，对方就必死无疑。你明确地向秦王胸口刺去，一见血就死了，你还能生擒他吗？不过，一个这样的刺客，给自己找一点下台借口，也是很自然的。

这个重大的政治事变，使秦国君臣幡然醒悟：和平统一这条路走不通，任何一个国家在面临灭亡的时候都会起来抗争的。再衰败，一个国家都不可能俯首就擒。所以，从这个转变开始，秦军彻底放弃了和平统一中国的幻想。后来的实践也证明了这一点。最后的齐国，提出主动投降，秦军坚决不接受。要投降，就把所有大军开出城，国王也交秦军押走，这才算。燕国刺秦事件坚定了秦国完成战争统一的战略。

王翦一得到荆轲刺秦的消息，秦王还没下诏书，他就把大军布置好了。没几天王命到达，立即对燕国发动进攻。灭燕之战，是一场摧枯拉朽的战役，秦军打得很顺利，也相对比较彻底。老燕王早早准备逃亡，开战之前就已经流亡到辽东去了。秦军本着不打歼灭战的原则，暂时把他放弃了，没有追击这支残军。

燕国在太子丹率领下，将燕军和残余的赵军，就是已经成为流亡政权的代国的军队联合起来。燕太子丹亲率燕国大军，跟代国军队联合，与王翦对阵。结果，隔着河打了一个多月，秦军把全部燕军击溃。燕太子丹带着一部分人逃走，藏匿在辽东的一处山谷中。王翦派李信率领五千轻骑，迅猛压迫追击老燕王，要他先把太子丹交出来，这样就可以暂时放过他。面临绝境，燕王喜害怕了，把儿子的藏身地点交了出来。秦军围剿了燕太子丹，并将其首级交到咸阳。燕王喜多活了几年。

燕国就这样了结了。灭燕之战，打了将近两年。

五

灭魏之战：

新锐首创　水战中原

接下来是灭魏之战，发生在公元前225年。灭魏之战很有特色，因为它没有正式的攻占杀法，而是用水战，掘开黄河，淹没大梁，从而取得胜利。灭魏之战的秦军统帅是王贲，是王翦的儿子。王贲和嬴政年龄差不多，两个人关系很好，互相欣赏，有强烈共鸣。王贲的作战特点是干脆利索、长途奔袭，尤擅骑兵，人称"小白起"。在灭魏之前，他曾经率领一支五六千人的轻骑兵，奇袭楚国，十天拿下十座城，给楚国带来了巨大的震撼。也许是王贲奇袭楚国的这一战打出了效果，导致后来秦军首次出兵灭楚的时候，对楚国特别轻视，结果遭遇了第一次大败。这是后话。

王贲在灭燕之战后,率了一支偏师,秦王把他召回,叫他领五万步骑混编大军,到韩国、魏国地界来。因为韩国被灭以后,韩国的老贵族联系六国残余势力,试图复辟,从新郑发起叛乱,要把软禁在秦国陈县的韩王安抢回来恢复韩国,这就是新郑之乱。秦王就把王贲调回来,让他率领几万军队处理此事。

王贲回来后,几乎在短时间内,没费吹灰之力就平息了韩乱。在这期间,王贲认为现在消灭魏国、统一魏国的时机到了。他把魏国大致情况说了一通,还说现在是黄河水比较大的时候,提出了水战的方略。

因为这个水战的方略是第一次提出,在呈报到秦王的案头以后,秦王就召集庙堂最高决策者开会商议。第一,对王贲这个将领的才能作了评估,认为王贲作战勇猛、沉稳,个性还特别缜密,军队交给他统领完全可以放心。不能因为他在王翦部下未能发挥作用,就忽视他的才能。王翦这个人太清廉公正,生怕过于重用王贲,会埋没其他将领。因此王翦大军出动灭赵的时候,两员副将中没有王贲。

王贲的才能本来在青年将领里是非常杰出的。

这个时候，王贲是三十岁左右，而王翦已经六十多岁。王翦有三个儿子，王贲是老二或老三。所以这次决策会议，第一是对王贲个人才能的认定；第二是对水战可能带来的利弊做一个评估；最后认为水战是可行的，这与魏国的大才信陵君魏无忌有关。

信陵君是战国中后期四大公子之首，兵法上很有一套。唯一率领合纵军队战胜秦军的就是信陵君，他围魏救赵，大家熟悉的"窃符救赵"的故事就与他有关。

信陵君也写过一部兵法，但临死前他自己把它烧了。信陵君完全死于昏暗的庙堂，魏国政治太黑暗，他的王兄，无能的人都能用，偏偏不用他，害怕他威信高、权力大，掌握军队后，会推翻自己。因此在魏国一再衰落的情况下，还不用信陵君。曾经，信陵君的两个民间名士，一个叫毛公，一个叫薛公，劝信陵君发动政变，自己称王，挽救魏国。但信陵君个性太迂腐，盲目地忠于王室，认为自己不能做这样的事，否则怎么对祖先交代。就整天酒色自毁，把自己关在园林里，跟侍女们玩闹，喝得醺醺大醉，最终觉得写的兵法一文钱价值都没有，就把它烧了。

他生前曾留下一封魏国灭亡时敌人秦军可能进攻的路线。他说秦军如果攻魏，必然要掘黄河之水淹没大梁，这是最佳的途径，也是最快捷的。可见他对水战的威胁，早早已经提出了预告。而秦国的情报系统也早知信陵君的这一设想，王贲把这些都发掘了出来。作为一个战略进军方案，他要向上级汇报这个构想，并说明依据。

另外，秦国当时的水利工程师郑国等人都在，尤其是后来修灵渠的那个水工史禄也都在。秦国想把这些水利专家都找来谋划开掘鸿沟。引黄河水灌大梁，不能直接掘开黄河，因为工程太大，水量也太大，搞不好不是淹一个城的问题了。魏国和楚国之间有一条著名的运河，我们现在叫鸿沟。这条人工运河在战国时代是魏国和楚国之间主要的水路交通干道，在经济上起了很大的推动作用。

鸿沟是魏国初期的建设成就之一，秦国就是要把黄河水引入鸿沟，通过鸿沟来控制水量。因为大梁的城池非常坚固厚实，从一般意义上说，如果死死防守的话，无法攻克，或者很难攻克。通过这一系列工程设计，秦国从鸿沟引水灌大梁，把大梁泡了十天半个月，城墙也泡松了，门也泡垮了，人也没粮吃了。魏国人最后纷纷逃亡出城，魏王被俘。魏国的灭亡是最无声无息的一次，没有大规模的战争或传奇般的攻法，仅仅通过鸿沟和黄河之水，便完成了灭魏之战。

今问秦策

问

如何评价秦始皇的人才战略？

答

灭魏之战的胜利，与秦国的用人之策密不可分。始皇帝嬴政是一名伟大的天才。一生不"二过",同样的错误绝不犯第二次。他有过两次最大的错失,一个是政治上,一个是军事上。政治上,就是下逐客令;军事上,就是用李信灭楚而大败。逐客令是嬴政深以为耻的错误。秦国从来是依靠人才强国,吸引天下人才进入秦国的,怎么能下逐客令呢?后来,秦国就一直坚持大规模地从山东六国吸引人才。秦国的庙堂里,除了"官"这个阶层以外,就是"吏"这个阶层。在实际办事的政府系统里,办事骨干十分之九来自山东六国。这是因为秦人把主要的力量放在参军、打仗和农耕;而山东六国的"新秦人"大多是知识分子,都有文化、有技能,受过教育。秦国民众在当时受教育的普及程度,比山东六国肯定要差一些。这就是双方人才结构差异之所在。

六

大国之战：

灭楚灭齐

第五战就是灭楚，灭楚之战可以说进行了两次。灭楚之战在秦国统一天下的过程中，是最能体现军事竞争水平的一次典型战役。我在《大秦帝国》中有一篇小论文，探讨楚国灭亡的原因。其中有一个定论：在山东六国的最后时刻，楚国是最有型的一个，它真正与秦国发生了两次惊天动地的大战，而且第一次是它胜利了。

两次灭楚之战包含了大量的历史信息，不仅仅是军事的，还有政治的、庙堂的。第一次灭魏之后，秦国庙堂就开始讨论，只剩下两个国家了，下一步是先灭楚还是先灭齐？最后统一认为应该先灭楚，先攻楚，因为齐国已经五十年没打仗了，从各种情报来看战力也很弱。最后大兵压境，有可能不打仗就能胁迫它投降，最后实现统一。

那么先灭楚就牵扯到多少兵力，谁来统率。秦王就这两个问题征求大家意见，叫所有的将领都说话。年轻的将领李信先站出来说，楚国腐败严重，封地之间相互牵扯，现在的君主又很平庸，他把一些有利条件讲了讲，认为二十万大军就能灭楚。

秦王看当时的老将军王翦没有说话，就特意问了一句："老将军以为如何？"王翦坦荡地说："老臣以为灭楚非六十万大军不可。"秦王当时哈哈大笑，就说老将军何其胆怯，你看少将军李信说二十万大军就能灭楚，你却说要六十万。王翦说老臣认为就应该这样，没有做过多的辩解。

当然史书上没有记载更多朝堂上的争论，但是最后的结果是，在这次庙堂会议之后，秦王决定以李信为统帅，以蒙武为副将，率领二十万大军灭楚。蒙武是一员老将，是蒙恬和蒙毅的父亲。当时蒙恬已经是上将军，蒙武本来是国尉丞，但此时接替尉缭做了国尉。尉缭因年事已高只参与庙堂决策，不再具体担任职务。蒙武非常想打仗，人也比较沉稳。秦王考虑到李信年轻，因此派个老将作为副将，协助李信率兵灭楚，说这两个人一个有激情、朝气蓬勃，一个沉稳细致，加上蒙武的老爹，白起时代的蒙骜，又是秦国最著名的将领之一，是三代军人世家。

为什么不用王翦？这里面有很多政治上的考虑。我通过虚构的方式，把这段历史推理得更加血肉丰满：王贲愤然问他的父亲，李信说二十万大军能灭楚，你果真以为行吗？为什么不提出反对？为什么不继续说？王翦很实在地回答，现在已经灭了四国，有三个是我们父子两个灭的。天下军功如果都叫我们占了，那庙堂还有平衡吗？所以秦王是从政治的角度考虑问题。

王翦还说，依老夫之见，灭楚的第一大将最合适的是王贲，而不是李信。但是我能说吗？你和秦王关系那么好，你怎么不去说呢？这番话揭示了当时秦军大将之间的政治权衡。因为统一天下之后，灭一国的功劳，那可是大得不可估量，谁都想有灭国之功。当时唯独没介入灭国之战的是蒙恬，他统率二十多万大军，在九原防守匈奴。而且秦王坚定地认为，蒙恬这支大军是不能动的，因为在灭六国之初，有人就说如果我们向南灭山东六国的时候，匈奴大军趁机压来怎么办？秦王当时慷慨激昂地分析，认为必须有一支大军牢牢地守住九原防线，防止匈奴南下。如果匈奴南下打乱了华夏局势，秦统一中国反而成了罪人，那不是在立功，而是丢了华夏天下。

因此，在大将中，蒙恬作为上将军，并没有参加灭国之战。甚至后来的灭齐之战，本来计划由蒙恬领兵，顺势从九原南下，一次把齐国灭了。但是中途接到匈奴发兵的警报，秦王立即命令蒙恬北上防守，把灭楚的任务又交给了王贲。这是后话。

李信和蒙武率领大军进入楚境以后，兵分两路，李信率领十五万大军，从淮水这边一直进军到今天河南的驻马店一带，接近楚国最后一个都城郢都，寻机进攻，并消灭他们侦察到的楚军主力。据传项燕率领的楚军主力也在这一带。

另一路，由蒙武率领五万多部队到城父、颍水上游一带,目的是截断可能援救郢都的楚国援军,两个分工明确。再说楚军的应对,楚军由著名的将领项燕指挥,项燕是楚国五大氏族之一项氏家族的族长。屈、景、昭、黄、项,是楚国后期的五大氏族,其中项是军旅部族,因此楚国后期的将领多由项氏家族担任。

项燕通过这一战成为战国的军事家之一,此前人不了解项燕真实的战绩有哪些,就知道打仗的时间长。项燕这个老将,最大的特点是细密周详,而且战斗意志果敢。他认为楚国已经到了生死存亡之际,不能纯粹地靠硬碰硬去跟秦军打,第一仗必须用计谋来取胜。

当时楚国在最困难的时期,其他国家都灭亡了,只剩下楚和齐。只要项燕能把仗打胜,怎么都行。所以楚王把全权指挥权交给项燕,项燕把楚国的所有大军都往后撤,远远撤离主要战场。然后派一些部队骚扰李信军,但是不跟上去决战,等李信军出错,如果李信有什么地方失误,他那些部队就能立即集中起来,相机行事,给秦军猛进留下空间。秦军进得非常迅猛,沿路没人防守,城池都是空的。

当李信进攻郢都时，发现郢都防守严固，攻不下来。他又派出一支军队试图绕到郢都背后，结果在那儿又碰上一支楚军，被缠住了。而且发现这两支军队的战斗力都非常强，不像一触即溃的样子。困了几天后，在进攻郢都的一个深夜，突然那条战线被楚军攻溃，楚国大军像洪水一样压过来，李信另一边的军队紧跟着崩溃了。李信有一个最大的特点，进军的时候追求快，因此在走到淮河一大半路程的时候，把重装备，像远弩、强弩等机械重型装备全部卸下，由章邯统领着在后边慢慢走，他和蒙武分别率领轻骑分两路作战。所以他攻不下郢都也有这个原因，没有重装备了。那边崩溃后压过来，他这边马上就撑不住了，没有大型防守，没有固守准备，兵败如山倒，大势已去。

于是卷着他这支十几万人的军队，开始了大逃亡。逃亡一开始可了不得，那边城父的军队，蒙武的军队过不来了，拼命挣扎着要来接应，也过不来。所以项燕发动了散布在楚国各地的部队大军，全部猛烈地攻向秦军，一路追杀。史书上记载，"三日三夜不顿舍",即三天三夜追击一直没有停止,连杀了秦军七个都尉。秦军的二十万大军就此崩溃,逃回来的大军只有七八万人。

这是秦军历史上最大的一次败仗,连对赵国的几次败仗都没败得这么惨,因为跟赵国大将李牧作战时,都是五万左右的军队,是中了赵军的埋伏而失败的。而这次是二十万大军,又是精锐大军,秦国又处于高峰时期,连灭四国的情况下,被人打得溃不成军,只剩下一些残余部队回来,举国震惊。

秦王接到这个败仗的消息后,把自己关在太庙里思考,想到最后,没说二话,连夜坐着他的辒车,上频阳去找王翦。因为王翦在李信率领大军南下后,就提出辞朝,表示自己年龄大了,要退休了。秦王准许了,因为老将军年龄确实大了,就让他回去歇息一段时间。秦王匆匆见到王翦后,非常真诚地邀请他重新出山,说战事已经打到这个程度,把情况跟他一说,问老将军认为应该怎么办。

王翦也很坦诚,根据战事大势,他认为应该立即再度发兵,不给楚国喘息机会。秦王就说,那非得老将军出山不可。王翦则表示那老臣还得坚持六十万大军，秦王一口答应，两人达成一致。第二天王翦就出了频阳，向咸阳进发。

王翦建立总指挥部后，一方面收编李信退下来的军队，另一方面从全国调集军队，六十万兵力在整个冬天集结完毕。到春天，六十万大军第二次发兵南下。王翦南下时，面临很多亟待解决的问题，但是他的谋略和定力是空前的，心里是非常有数的。因此，他南下时还走李信大军的路线，并跟行军参谋即中军司马说得很清楚，就是要让楚军看一看，不是我们的路走错了，不是进军方向错了，而是我们秦军大意了。

这个时候楚国军队的态势已经不一样了。楚军战胜李信这二十万大军以后，全国上下狂欢，战斗意志空前饱满，纷纷求战，所有原本缩在背后不敢发兵的封主们，都派出了自己的属地军队，要在反击秦军中再度立功。所以军队数量大增，连项燕都没想到会冒出这么多军队，不断地向他的大军来报到。但这些军队各有各的营地，谁也指挥不动谁。

楚国的家兵和私兵在战场上的分制，类似于民国时期的军阀，比如阎锡山绝不会听从蒋介石的命令。哪怕在战略上服从作战安排，但是具体的将令要听从封主，因为这是封主建立的军队，所以四面八方的军队虽然都来了，军营遍地，但是没有统一指挥，反倒特别混乱。

王翦大军南下的时候，正是楚国浮躁气息上升的时期。王翦大军南下的部署，中间是步骑混编，两边是牛马拖着的重型器械。遇到楚军小股骚扰时，就用长弩大箭将其射退，也不追击，保证行军浩浩荡荡往前走。最终，大军驻扎在之前李信驻军的地方，即驻马店一带，接近楚国都城。

王翦驻扎下来以后，要做的工作非常多，首先是整合内部。因为，他的六十万大军中，虽然有四十万左右是原来的新军，有成建制的基础，但是另外二十万左右是新补充来的。这个部队因为各种各样的历史原因，用今天的话说，山头也不少。各部相互不太熟悉，将领之间也不熟悉，兵士之间的磨合还没形成，各军怎么打仗，怎么配合，等等，一大堆问题等待解决。史书上写得很明确,王翦驻扎下来以后,几个月时间不动,整天在战营里巡查,和将士谈心,召开各种会议,改善士兵伙食,做着内部整合工作,要使大家凝成一股劲,使军队浑然一体。不然,军队看起来大,却并不是打胜仗的决定性因素,军队最关键的是要凝固成一个拳头。如果这几十万大军各打各的,各吹各的调,那肯定就麻烦了。

秦军当时当然也很强大,秦王专门命姚贾从情报主管转为后勤主管,在淮河流域给秦军设置了庞大的南下运输通道,物资运输源源不断。所以秦军的营地几个月之间整天弥漫着牛羊肉的膻腥味道,提升伙食,却不打仗,只是训练和整合。楚军这个时候不一样,楚军的态势是纷纷求战,把秦军四面包围,双方对峙。楚军求战心切,秦军却从来不出营迎战,逼得项燕采取行动。因为楚国内情也发生了变化,楚国庙堂认为项燕是故意不战,借以巩固自己的权力。在他们看来,第一仗打得那么容易就胜利了,第二仗赶紧制胜,那楚国不就安宁了吗?

项燕现在不愿意打，不愿意速胜，那就是想继续在这过程中扩大自己的权力，所以对项燕产生了怀疑。

项燕在这种政治阴谋舆论下，最终下死心向秦军的营垒发动了一场最强大的攻势。秦军的深沟高垒作战已经非常有经验，而且是王翦统军，上下齐心的思想已经非常清楚。一仗浴血奋战，楚军连秦军营垒都没有攻破，几万人马就死伤在秦军大营之前。秦军之前修的那壕沟，用的猛火油、长矛、火箭等，使得壕沟里填满了尸体，秦军还没出营，只是纯粹的防守战，楚军就攻不动了。

这下楚军没有人要求再战，一切冷却下来，各个封主的军队又开始偷偷地跑了，已经有了松动的迹象。而这次防守战的成功并没有让王翦急于行动，他继续训练秦军将士。

其中一个典型事例。《史记》中记载，有一天军务司马向王翦报告，士兵"投石超距"，投石就是我们经常看的一些西方电影中的摆铅球，拿个大石头看谁摆得远。在民间游戏中，就跟打砖一样，第一看你投掷得远不远，第二看准不准。当军务司马报告说，军士投石的距离已经超过军中规定的标准了，王翦点了点头说，"可尔"，认为这下可以出战了。

于是，王翦在相持了几个月后的冬末，快到春天的时候，在听到投石超距的报告后，立即召开将领会议，事先布置好：一旦楚军松动，立即发动全面进攻；不管王翦醒还是没醒，在还是不在，各军立即主动出击。

秦军当时的战役准备是非常之充分的，在这个时候楚军内部发生了重大的变化，如同当年赵国毁灭于郭开一样。楚国庙堂，包括楚王负刍和封主们又开始问罪于项燕，说他还是不战，这么长期对峙下去如何结束，就决定断绝项燕大军的口粮，直到他开始打仗才恢复供应。项燕被迫无奈，和他的另外一支势力密谋发动政变，要废除楚王，另立新君，深入岭南地带建立新的政权，进一步抗秦，放弃淮北淮安地带，建立新的抗秦基地。

如果这样的政治目标实现了，那中国统一可能还要拖延一段。因此，当项燕有了这种主张的时候，楚王负刍和他的大臣们发觉了，于是密谋对付项燕，想把他调出来或者动手。项燕当时决定，秘密下令给他的部队，尤其是八千江东子弟兵，从第二天晚上半夜开始撤退，撤向他们谋划的新根据地，撤开负刍和楚国现在的君臣拥立新君主，向岭南进发。

在他行动的当夜，楚军刚一拔营，秦军就出动了。秦军大营如同惊雷，骑兵、车辆、步兵山摇地动，从各个营内杀出，几路排得整整齐齐。有一个细节，王翦的警卫长赵佗，当时还比较年轻，他事先打造了一辆合成战车，能推走的井架一样，准备不论如何，要把王翦平安地护送出去，哪怕他在睡觉。

结果没想到，第一声异动时，王翦第一个醒来，二话不说，跳出帐篷就喊杀，盔甲都已穿好。秦军就此发动了总攻势，楚军彻底崩溃。项燕大军被秦军追击到最后，逃向垓下地区（就是后来项羽自杀的地方）。那里据说有九层梯田，像覆盖石头的土山，垓下就是这九层梯田下边的低谷地带。

王翦专门命李信率领一支部队取项燕首级，因为李信打了败仗，非常羞愧，请求立功。王翦就对李信说，项燕有八千江东子弟兵，我给你八千人马，你如果能对等决战，把项燕首级拿回来，就是首功一件。李信就带领人马死战，最后在垓下把项燕杀死。项燕大军彻底崩溃，郢都被占领，楚王被俘虏，楚国被灭。项燕被杀后，他的儿子项梁逃脱，后来项梁领着他的侄子项羽，成为反秦势力，这是后话。

灭楚之战，充分地体现了灭一个大国的艰难，尤其是像楚国这样的山地国家。

而且灭楚只是灭了一部分楚国，整个岭南地区在名义上还是楚国的，但只是楚国的臣服之地、纳贡之地，而不是有效治理的地域。秦军灭楚后，紧接着面临一个重大问题：要不要进军岭南。当时有两种选择，一种是效仿楚国，对岭南实行安抚和维持盟邦关系，即诸侯分治。在当时中原七大国里，楚国的领土如果算上岭南，是最大的，包括了黄河南部、淮河南部和淮河北部大部分地区，淮北淮南本身就够大了。如果把岭南算进来，就广东、广西、福建、贵州地区，那基本上整个南半部中国都是楚国的，而且是淮南，不是江南。但是楚国占有如此广袤的领土，为什么只是七大国中的中等国家，而不是强国，原因就在于楚国第一是实行封地制，第二对岭南实行诸侯制。所谓诸侯制，就是你是我的附属国，每年进贡一点象征性的产品就行，称臣纳贡，而没有实质上的治理关系。

所以秦军灭楚后，一个重大问题就是如何处置岭南。秦始皇亲自赶到了郢都，和王翦、李斯及一班大将会商。王翦坚持灭楚六十万大军不动，直下岭南。他强调岭南对中国（当时已经有"中国"这个概念，指整个华夏）特别重要，如果不趁着灭六国盘整回来，将来后患无穷。

秦王嬴政，当然是有雄才大略的皇帝，立即同意了。于是，秦军开始筹备南下进军岭南的战役。在筹备过程中，次年（公元前221年）爆发了灭齐之战。公元前223年王翦率领六十万大军南下灭楚以后，大军没有北上，而是让蒙恬率九原大军压向齐国。同时由王贲再率关中的十万军队，两路包抄齐国，准备灭齐。

然而，在半途之中，因接到匈奴有可能南下偷袭的消息，蒙恬重新回到九原部署防守。灭齐的任务交给了王贲。王贲灭齐之战毫无戏剧性。齐国在五十年之中，国人和军队都已经丧失战心、战力，完全成为一个没有战斗意志的国家。面对大军压城，齐王建白衣白马白旗出来投降，献上齐王印，然后被秦军囚禁起来，齐国正式灭亡了。

司马迁在《史记》里曾经写道，他行万里路，读万卷书，到临淄考察时，他问当年遗留下来的老兵后代，秦军攻入临淄的时候，齐人是怎么应对的。这些老兵后代跟他说，"秦军入临淄，人莫敢格者"。即秦军攻入临淄，齐军没有一个人敢于战斗。因为齐国当时成了天下最富有的国家，其他大国陆续灭亡以后，逃亡贵族纷纷把所有的财富秘密运到齐国，商人也都认为只有齐国是和平的，都到齐国经商，齐国成了财富集中之地。所以齐国人都在养尊处优，练兵强军这些尚武之风，几乎在朝野消失了。

当城门被打开、国家灭亡的时候，从老百姓到军士，没有一个人敢于拿起武器抵抗。齐国灭亡是公元前221年的事，这一年，中国在理论上完成了统一，即把山东六国分治政权全部统一，中国获得了创建统一文明的历史际遇。

七

终结乱世，铸就一统

岭南战役从公元前218年开始，在灭齐之后筹备了两年多，王翦、屠睢、赵佗率五十万大军从水路和陆路两路南下，其中从今浙江南下的部队，遭到了北越部族政权的重大阻击。北越人是大禹的后代，相传大禹治水之后，绍兴的大禹陵留下的守护族群就是越人。越人族群在越王勾践时期曾一度强大，在战国中期、战国初期，甚至在春秋时期，他们就一直往岭南地区发展。尽管越人当时相传是文身断发，习惯也比较原始，但仍然比岭南的一些族群发达得多，岭南的广东、广西、福建这些地方的族群都臣服于越人，叫作北越。那个时候谁强大，就以谁的名义成立一个政权。

秦军从浙江南下的这一路，被北越族人的丛林游击战堵截，秦军死伤不少，粮食运输受阻。因此，进军岭南的头两年进展缓慢，被迫停下来开始两大工程，一个是修灵渠，一个是修扬越新道。同时，给南下做更艰苦的准备，就是秦廷决定给五十万秦军派三万妇女，其中有一万是宫女（消灭各国以后集中选出的宫女），再从民间征集了一些女子，共三万未婚女子，随秦军下岭南。

这三万女子主要是给秦军的军官成家。如果不能成家，那就根据个人情况，进入岭南以后跟当地老百姓通婚。秦廷做了深远的考虑，认为要盘整岭南，军队长期不深入、不驻扎在那儿是不行的，至少要驻扎相当长的时间，那么就要解决军士如何生活、如何安家、如何通婚这些问题。

从历史实践来看，这五十万秦军下岭南，实际上变成了军屯军垦性质。假如没有这五十万秦军下岭南，到西汉时，要把岭南盘整回来是永远不可能的。正是因为五十万秦军下岭南，北越被有效地平复，成为秦军整肃的基地。在中国历史地图中，辽东平壤是秦长城的东端。秦长城是西起临洮，东至乐浪（今平壤）。这是谭其骧先生在历史地图上画的，很清楚。在这一地图上，广西的象郡一直到今越南的西贡那一带，都属于中国。

越南之所以叫"越南"，是因为中国的越人族群流亡或者蔓延到那儿，并在那里建立了政权。秦军南下时期，中原人自然南下。五十万秦军在岭南矗立起中国统一文明的最后一座巍巍丰碑。

广州城里的赵佗墓（南越王墓），实际上是赵佗孙子的墓，赵佗本人活了九十几岁，儿子来不及接他的位子就死了，孙子继承了王位。

秦军南下的时候完成了两大工程。一个是灵渠，沟通长江水系和珠江水系。长江水系向南向上走，珠江水系向下走，水上了山又要下山，这个工程在当时几乎是神话。水怎么上去？那个时候又没有水泵，就借着水势互相激扬上山，再下山。在广西兴安的灵渠，现在还能用。

秦代三大水利工程，个个都是世界级的：灵渠、郑国渠和都江堰。而且都江堰和灵渠开创的工艺水平千古不朽，几乎是万世不能修改。灵渠的工程设置独特，从唐以后，历代水利师都想把放水口开大一点，做一些改动，使运输量增大一些，结果一改就失败，最后都得回到原来的设计上去。负责修灵渠的叫史禄，是个大水工，本来是史官，估计是学水利出身的水家子弟，与水利专家郑国齐名。

第二个工程是扬越新道，即现在的京广线线路。秦军逢山开路，遇水搭桥，修成了一条直通广东的路。

一直到清朝，有一个学人叫邝露，在他的笔记里边写，半夜之间，明月在天，山风微微，在扬越新道上，两边松树参天，旁边是金锥竖立，令人一路上心旷神怡。两千多年以后扬越新道仍然有如此气象，你说秦人那个时候建设成就有多大。

盘整岭南的实现，给中国国土统一写下了最后一笔，这一笔是非常扎实的。之所以说它扎实，是因为秦末最后动乱，岭南无首，还是在这支秦军手里重新回归中原的。简要回顾，汉文帝时派陆贾做使者，去劝说赵佗向汉天子称臣。赵佗最后接受了，但在此前双方关系非常紧张，西汉统一中国后，到刘邦晚年，吕后当政的时候，吕后派人把赵佗父母的坟地都挖了出来。赵佗是河北正定人，是当时的秦籍赵人，所以他的家在河北。

吕后眼光很短浅，没有封锁赵佗那支力量和北上的商路。所以赵佗跟汉军开战，一鼓作气从岭南打到长沙。那最后一支秦军的战斗力强大得很，比西汉军队应该强多了。最后吕后不得不与赵佗和谈，双方僵持不下，谁也不承认谁。于是，到汉文帝时让陆贾作为特使，持信南下劝说赵佗回归中原正统，意思是天下都统一了，讲了很多道理。汉文帝非常谦虚，信中先讲了自己怎么继位成为皇帝的，本来离皇朝很远，历经艰苦，并表达了愿意今后好好治理国家。

赵佗被汉文帝的真诚态度感动，也回顾了自己的使命，于是回书一封，说老夫带甲百万，年九十余尔，表示他愿意享受，怎么都享受，自立为皇帝也是应该的。但之所以不愿意那样做，中间讲了一大通理由，最后表示愿意臣服汉室。信的结尾有两句话：所以如此，不敢忘先人之故也。

我们都知道北方话里先人就是老祖宗的意思，

他说，我这支秦军南下的时候，始皇帝是怎么叮嘱我，怎么安排我的。秦人是以统一天下为己任的，他是有使命感的。用现在通俗的话说，赵佗初心未改，使命仍在。他认为，虽然秦帝国没了，我成为秦帝国最后一支部队，还驻守在岭南并建立了自己的政权，如果我不和中原政权合并起来，不融合于中原政权，那中国还是不完整的。所以"不敢忘先人之故也"，即不敢违背秦人统一天下的初心。赵佗最后率领南越政权回归汉朝，被汉文帝封为南越王，成为西汉之下的南越王，不是侯，是王。

一直到四五代以后的汉武帝时期，汉武帝才想各种办法，包括使用阴谋手段，把南越国彻底给消于无形了，变成真正的郡县了，这是后话。可以说，盘整岭南是秦人真正有远见卓识的一次行动，把岭南之地融入中国文明，给我们后世留下了深远的影响。如果没有这样一次伟大的行动，后患无穷。

所以这个行动的重要性，怎么估计都不过分，这是第七次主流性战役。

第八次主流性战役是蒙恬反击匈奴之战，可以说，这是秦人在完整地完成了本土疆域的统一，并创建中国统一文明之后的收官之作。所谓收官之作，可以理解为复仇之战，因为中国民族被匈奴欺负了一千多年。从世界范围来讲，在古典文明时代，在农耕文明时代，游牧民族匈奴的战斗力是最强的，全世界其他农业民族对匈奴这样的游牧民族根本没有战斗力，没有战胜的可能。唯独中国的农耕民族，依靠自己高度的战争智慧、强大的组织能力和严密的军事社会组织能力，坚持跟匈奴作战，从秦便开始了大反击。同时还坚持在文明上融合匈奴，到东汉时期，把匈奴分成了南匈奴和北匈奴。南匈奴逐渐融入汉族，后来基本上完全融入汉人世界了。北匈奴在中国北部游来游去一千多年，啃不动中国这块土地，没办法，全面向欧洲西撤。魏晋南北朝时期，北匈奴撤向西方，正碰上西罗马帝国的末期。他们风卷残云一般打遍欧洲，出现了一个领袖叫阿提拉，他被称为"上帝之鞭"，把整个欧洲打得落花流水。

匈奴人在一千多年里唯独没啃动中国，而中国人经常有大反攻战胜，秦军这一次大反击是正规大反击的第一次，第二次是在汉武帝时期。这次三十万秦军大反击匈奴可是轰轰烈烈，史书记载，蒙恬的马队像风一样在草原上飞驰，牛车马车像流云一样在后边运粮食，等等。

秦军一鼓作气打到贝加尔湖，就是苏武牧羊的北海。为什么秦军要打到那个地方？是因为贝加尔湖是匈奴族群的王庭地带，那个地方是世界上最大的淡水湖，水草茂盛，匈奴人的聚散都在这里。向南侵犯汉人、奇袭汉人，也从这里出发。把这个根据地拔下来，匈奴的战争实力就会大大减弱。秦军打到贝加尔湖，汉武帝两支大军也曾打到贝加尔湖。所以蒙恬三十万大军反击匈奴，是中国第一次创建统一文明的收官之战，它给我们民族在统一文明时期戴上了一顶永恒的皇冠。

(二) 重建

重新思考秦帝国的制度与文明

八

重新认识秦人和秦帝国的兴起

秦人的起源与"戎狄之说"辩

夏商周秦是中国原生文明的一组历史密码。

在尧舜时代,秦人即已存在,古秦族群曾与大禹族群同建治水大业,舜帝因之赐姓嬴氏。之后嬴氏首领伯益被公推为受禅大禹的唯一合法继承人。但大禹死后他的儿子启发动政变,杀伯益,嬴氏遂被迫退出权力中心。在之后的四百六十余年,秦人一直处于离散状态。商汤灭夏时,第一个寻找的同盟军即秦人军队。所以秦人协助灭夏后,就成为殷商时期的大诸侯,停驻在今天函谷关以东,以抵挡当时的西部戎狄。西周灭商以后,秦人族群不服周室,三分迁徙寻求立足之地。一支流向北方形成赵国,所谓秦赵同源,一支进入西部草原,这部分是最主要的嬴秦部落,和西部少数民族奋战了二百多年,还有一些不愿走的就分散逃亡,流落东部山海。西部嬴秦部落不但没有被少数民族消灭,反而扩充了势力。周孝王时代,西部嬴秦受命为周室养马,大成,受封于西部秦邑。周幽王末期镐京之乱,秦族挽周室于危亡,并最终将戎狄族群驱赶出关中和河西,拥有了西部广阔土地,成为东周的大邦诸侯。

这里要提一下秦人西来说,完全是中华人民共和国成立后出现的。20世纪60年代蒙文通写了一篇《西部夷狄考》,提出秦人是从西部戎狄部落迁徙过来的。然后三四个史学家赞同,从此有"秦人西来说",而把既往的传统理念称为"秦人东来说"。实际上既往就没有一个"东来说"。如果秦人是戎狄之后,那几千年来的儒家早应该发掘出来,但我们没有看到。

商鞅变法奠定了秦统一六国的文明根基

现在看来,秦统一六国,有地理地势的原因,同时也有制度原因。春秋时期各国争霸,相互之间没有什么族群仇恨,都是土地争夺,所以秦穆公也是春秋五霸之一。战国时期,在秦昭王任上秦已经是诸侯国中最大的。战国以前各国官职基本文武不分,没有专门的治国大臣,军事将领也可治国。秦本来是落后国家,是商鞅把山东六国的先进理念,比如丞相开府制引入秦国,率先实现了文官制度,实行郡县制、军功爵位制,使秦成为区别于六国的国家。郡县制有效地加强了君权,奖励军功制度极大调动起了人们的作战积极性,形成良性的人才调配机制。商鞅变法以后,秦与六国的对立更多是文明理念的对立。用现在的话说,一种新的国家模式出现了。与山东六国相比,秦王和贵族的依附关系渐弱,其作战组织动员能力加强,人们的精神风貌展现完全不同。地广、国富、法治,使得秦国一下子可以独对六国。也有人说,秦国横扫六国,体现了法治战胜人治,我认为可以这么说,秦国就是法治。

今问秦策

问

为什么在一个激情迸发的时代,商鞅变法这么重大的变革没有导致疯狂性甚至破坏性?

答

从历史实际看,有两个原因。一是社会土壤,也就是人民素质。人民这个词,可是那个时代的原创。历经四百余年的思想激荡,战国时代的人民已经具有很高的文明理性与社会理解力,人口素质高,灵魂朴实而高贵。一个最基本的现象是,春秋中期到战国末期,五百年左右,中国大地在社会大激荡中没有发生过一次大规模的民变暴动与起义事件,这实在是人类文明史的奇迹!也就是说,社会是通过变法来获得进步更好,还是通过"汤武革命"方式来获得进步更好,人民在整体上是清醒的。自由的思想,百家争鸣,清醒的思想家,大量高质量的原创理论,都给人民提供了认识能力与理解能力。我们可以想想,后世美国的宪法创立时期,人民为什么是平静的?就是因为国家给整个社会提供了大论战的平台,人民愿意平静地倾听,并接受他们的代表人物作出的理性选择;由此,联邦党人的制宪思想才能最终得以确立。我们的战国时代正是如此。第二个原因,就是国家政治经验的成熟,运作方式的得当。战国时代,七大国都曾经先后有过变法,没有一个国家因为变法激起过疯狂性或破坏性动荡。其直接原因,就是变法主持者都是当时的大政治家,都

> 有非常出色的规避风险的政治操作能力，能够合理引导社会的宣泄力量找到妥善的出口。就说商鞅变法，在战争连绵的战国时代，秦国竟然能腾挪出二十余年的无战时期来全力变法，这是实实在在的奇迹！假如没有秦孝公这样的天才政治领袖，没有商鞅这样伟大的政治家，并且两人鼎力合作，这样的奇迹根本不可能出现。

郡县制是更有利于秦的制度

《吕氏春秋》是国家操作运行的大典。我认为吕不韦是中国历史上很伟大的政治哲学家。后世史学对吕不韦有扭曲，把他定位为杂家，我认为不妥。吕不韦任丞相时，秦国已经有一百三十多年的法治国家基础，而且许多功臣存在于世，他只能在既有框架下发挥运作能力。虽然连续帮助秦国度过三次政治危机，但无法撼动根基，也无法完全实现他的政治理念。

《吕氏春秋》第一部分对一年的时辰时令做了详细规范，每个月每一天国家应该干什么，都详细列出，是排列庙堂的政治运行手册。第二部分，寻找历史上所有符合这种时令运行的典范故事。第三部分，规范人文政治领域，官场核心人群的基本操守和修养。《吕氏春秋》为治理国家树立了规范，但有一个缺陷是主张封建制，不主张郡县制，所以吕不韦给秦王提出的是"霸天下"，而非"王天下"。

但是，始皇帝在战国时期形成的深刻认知便是分裂带来的现实磨难，所以秦始皇主张实行郡县制，按《商君书》治国。此外，吕不韦在政治实践上也没有完全实现《吕氏春秋》中的理想政治纲领。吕不韦后将《吕氏春秋》公布天下，其中有明确对商鞅的指责（与司马迁的观点相同），嬴政由此对他产生警觉。秦对吕不韦是实封制，拥有实际自治的封地，很高的奖赏，但吕不韦因嫪毐集团叛乱事受牵连后退居洛阳，和山东六国豪士仍然交往，更加引起秦始皇犹疑，命其举家迁蜀。吕不韦担心被诛杀，忧惧自尽。今天我们再来探讨吕不韦，或许还可研究他作为一个真正的大商人进入政治所发挥的作用。

农耕文明与高度的战争智慧

春秋战国以降，中国人就有了丰富的战争智慧总结。《汉书·艺文志》记载我们有一百多部兵书，内容涵盖兵器制造、兵器维修、军营训练、战场指挥、庙堂谋算，等等。对比西方文明国家，这一点中国人远远胜出。西方其实没有兵书，伯罗奔尼撒战争史，是从历史的角度记载战争怎么打的。可以说西方人是没有高度的战争智慧的。

有人问，如果罗马军团碰上秦帝国军团，谁会赢？我说历史无法假设，但有一个很好的参照系是匈奴。匈奴既打过欧洲，也打过东方。历史上看，匈奴势力从春秋初期开始发端，一直到东汉末年消亡。将近八九百年间，在战国时期对中国的压力达到最大，尤其在秦统一六国时，其势力鼎盛。所以始皇帝始终采取守势。秦、西汉、东汉都对匈奴进行了反击，到东汉末年，匈奴已基本被分化为南北两部。南匈奴后来完全成为汉人。将近一千年的争夺，匈奴人发现撼动不了东方人。于是留下的北匈奴开始西迁，把欧洲那些碎片国家全打遍了。西方人战胜不了它，东方的农耕民族就能战胜它。

为什么？因为农耕族群具有严密的组织能力，有高度的战略思想，国土又有纵深，各种条件具备。进一步说，进入科技时代，我认为中国人的作战能力将迅速提升。若非"独尊儒术"让科学技术成为"奇技淫巧"，我们是绝不会将热兵器时代拱手让于西方的。中国人天生会打仗，中国人的团体性、纪律性及家国意识，非常强大，根深蒂固。

九

关于秦帝国中央集权的历史辨析

秦帝国创建中央集权制,是发生在多元分治时代的革命性事件。

战国时代,多元分治已经发展到空前严重的程度。也就是在这样的时刻,历史开始出现了内在的转折——华夏世界在兼并融合中发展为七大板块结构,这就是七大国的裂土分治。这一过程表现出鲜明的历史趋势——强力融合,多极简化,走向统一。之所以如此,根本性的原因是:历经五百余年诸侯分治的震荡,多元裂土的种种致命弊端,都已经彻底无遗地充分暴露出来;对多元分治的危害,当时的华夏世界已经有了痛切透彻的感知,有了深刻理性的思考。

天下向一,因此而成为历史的大潮。

当此转折,秦帝国实现了历史大潮的指向目标,既统一了中国的疆域,又统一了中国文明。关于秦帝国的统一,历来的提法只是笼统地说秦统一中国;对秦统一中国文明,则没有自觉的历史定位。我的文明价值理念,将秦的统一归整为两个基本方面:一是秦统一了中国的疆域,二是秦统一了中国文明。疆域统一,是硬件统一,同一时代的罗马帝国也做到了。文明统一,是软件统一,同时代的罗马帝国根本没有意识。在这两个统一中,秦统一中国文明是根本。

关于秦统一中国文明的价值判断,轴心所在是秦帝国政权的性质。

激情批评者们认为:秦帝国政权是专制主义,是没有文明价值的,是必须否定的。

明确地说,这种激情批评,我不能认同。

专制主义理论,是一种舶来理论。以此解释并评判中国的古典政治文明史,导致了中国文明价值评判的极大混乱。客观地说,自从西方政治理论体系传入中国,并构成中国近现代人文理论体系的基础框架之后，西方政治学说与中国历史现实之间，就一直存在着内在错位的巨大缺失。所谓内在错位，其实际表现是这样一种现象：运用西方理论解释中国的历史发展，或分析中国的社会现实，总是很难接近真相，更谈不上揭示实质；无论是西方理论家，还是中国的西方理念信奉者，他们对中国历史的评判，对中国现实的预测，基本都是脱离实际的，都是不得要领的。西方人对中国问题的"测不准"现象，自近代史以来，已经越来越成为普遍事实；其直接原因，就是这种内在的错位缺失。

这里的根本原因，则是更为深刻的文明整体评判的错位。

什么是文明整体评判的错位？就是西方学说对中国文明的整体评判，是西方文明本位，而仅仅将中国文明看作一种具有局部特殊性的文明现象。这就是最大的错位。因为，中国文明是一种独立的文明形态，其民族生存方式，其社会生活方式，其价值观念体系，其以文字为核心的所有文化呈现形式，这些基本方面，都与西方文明有着另一元的整体特质；中国文明，绝不是基本面同一于西方文明而只具有局部特殊性的东方文明。全面而客观的文明评判立场，应该是多元本位，将中国文明看作整体上的一种独立文明形态，以中国文明价值观分析中国，而不是以西方文明价值观分析中国，才能真实地理解中国。果真如此，诸多四不像式的研究结论，至少可以大大减少。

由于这种文明评判的整体错位，西方人针对中国历史作出的分析与评判，基本上牛头不对马嘴。西方政治学说被中国人硬生生搬来作为研究理念，则其成果绝大多数都远离真相，都似是而非。关于前者的典型例子是，对于中国古典社会的政权性质，西方理论家将大禹治水后开始的国家政权，一直到明清时代的国家政权，都一律笼统地定性为"东方专制主义"。如此囫囵化、简单化的论断，居然是西方理论家的东方学名著。关于后者的典型例子是，以"封建社会"这个翻译出来的范畴，去定性秦帝国之后的整个中国古典社会，其与历史真实的距离之大，令人哭笑莫名。

激情批评者们将秦帝国创建的中央集权制，定性为专制主义，也是上述囫囵评判的例证之一。他们所依据的西方政治学说的简单逻辑是：民主制之外的一切政权形式，都是专制主义；中国自大禹治水建立夏政权，一直到明清政权，都是专制主义；秦帝国的中央集权制，自然是铁定的专制主义。

果真如此，人类国家时代的政治文明的发展，也太脸谱化了。

既然是依据西方政治学说，我们就先来看看西方人的权威说法。在《大不列颠百科全书》中，对专制主义的定义是："一种政治理论和实践，指不受限制的中央集权和专制统治，特别是君主政体。这种制度的本质是，统治权不受任何其他机构（无论是司法、立法、宗教、经济或选举机构）的监督。法国的路易十四对此作了最有名的解释，他说'朕即国家'。"之后，是对专制主义在近代欧洲表现形式的分析，通篇没有提到中国。依据这一定义，一个政权是否专制主义，其本质界限，不在于它是君主制还是共和制，也不在于它是中央集权制还是另外形式的专制统治，而在于这个政权是否"不受任何其他机构的监督"。显然，这一定义非常清楚地揭示了专制主义的本质。

根据这一定义，秦帝国的中央集权制与专制主义，还有很大距离。

其一，秦帝国创建的中央集权制，是一个有监督制约的权力体系。

权力监督之一，秦帝国有"凡事皆有法式"的体系化的秦法，举国上下有尊奉法治的传统，执法之严明历史罕见，始皇帝远远不能随心所欲地决定一切。依据上述定义，这是来自司法、立法两方面的监督。

权力监督之二，秦帝国中央权力系统中有专门的监察机构——御史大夫府。就地位说，它位列三公，几乎与丞相同爵；就权力说，它享有监督皇室、稽查大臣的实际政务监督权，并非虚设。依据上述定义，这似乎还是列举形式之外的一种国家权力监督。

权力监督之三，公议制度的监督。秦帝国时代，朝臣公议是一种议事制度。秦史大家马非百先生的《秦始皇帝传》中，专门有"取消议事制度"一节。也就是说，秦帝国创制的前期，若干重大创意的推行，秦始皇都下令群臣公议；创制后期，则因为议论"以古非今"而助长分封制复辟思潮，所以下令取消。以绝对精神的价值标尺说，无论以何种理由取消议事制度，都是专制主义的。但是，依据当时的历史实践，为了维护新的政治文明，取缔"以古非今"的制度根基，不能说没有任何合理性；更不能因为议事制度的取消，就判定中央权力失去了所有的监督。

其二，秦帝国所创建的中央集权制，具有最为深厚的时代根基。

任何制度的创立，其是否具有历史合理性，根基是其在多大程度上吸纳了当时社会的利益需求，在多大程度上体现了特定政治文明的内在需求。从社会利益的需求说，秦之中央集权制，是在五百余年裂土分治的历史背景下创建的。五百余年的历史实践，已经充分证明：同一文明根基的华夏世界的裂土分治，只能带来深重的社会灾难；除了分治时代的既得利益集团，广大的社会意识对继续保持分治状态是深恶痛绝的，要求治权统一，是最为主流的社会利益需求。

从政治文明的内在需求说，华夏政治哲学具有深厚的"尚一"理念。"一生二，二生三，三生万物"，是尚一理念的最经典表述。也就是说，中国族群的社会实践价值观，从来都是崇尚"事权归一"的。民谚谓之，龙多主旱。由于生存环境的险恶，华夏族群从远古时代起，就有诸多族群结成一体，在统一号令下协力生存的传统。可以说，从黄帝炎帝时代最初创立族群最高联盟政权开始，"尚一"理念，就牢牢扎根于我们的文明基因了。及至春秋战国五百余年分治，中国实际上进入了创造新的"尚一"形式的历史道路，也就是说，从联邦诸侯制的旧的松散"尚一"形式，跨越到中央集权制的新的紧密化的"尚一"形式。这当然是政治文明的一次历史性跨越。从根本上说，秦帝国统一中国疆域，创建中央集权制，是完全符合华夏族群的政治文明价值观的,并不是凭空飞跃的。

历史的实践已经证明:秦帝国的中央集权制,有效地结束了华夏世界范围内的区域相互封锁,有效地结束了分治时代的连绵战争,使华夏世界获得了统一治权条件下的空前广阔的发展空间。这种基于强大历史需求而产生的政体,这种已经被历史实践证明其强大功效与伟大贡献的政权形式,不是简单地将其冠名为专制主义,便可以否定其文明史地位的。

其三,秦帝国的中央集权制,与后世的皇权制是两回事。

评判一个特定历史阶段的政治文明,不能以后世的流变为根基,不能囫囵化。秦帝国之后百余年,汉武帝抛弃了华夏世界的多元文化传统,建立了一元特质的意识形态,中央集权制由此埋下了蜕变的种子,渐渐走向了彻底板结。

这个板结过程是:皇权日益覆盖全部中央权力,并渐渐以皇权制取代了秦帝国开创的中央集权制。其具体表现是:以丞相府为首的中央政府系统的权

重　建

力，日渐分解，日渐缩小；直至清代，丞相直接沦落为皇帝上书房的"行走"；监察系统与言官系统的权力，也迅速缩小，迅速虚化；皇帝直辖独断的权力，则日渐增大；唐宋之后，皇帝权力已经接近于基本没有限制，是为皇权制。这种不断沉沦的变化，是历史的事实。这里的要害是，皇权制与秦帝国时代的中央集权制，不是一回事，不能归结为一体作囫囵化评判。

从总体上说，秦帝国首创的中央集权制，是一种以皇帝为轴心的整个中央权力系统行使最高治权的集权政体；西汉之后渐渐流变成的皇权制，则是皇权系统几乎完全取代中央行政系统的决策权力，走向专制主义的趋势明显化。但是，我们不能因此判定，中央集权制在创造阶段就是专制主义。应当说，在遵奉法治的秦帝国时代，其中央集权制是具有巨大进步意义的政治文明创造。这是历史实践的展现过程，不是任何理论评判所能改变的。

秦帝国的中央集权制，不需要以西方学说定性。中央集权制本身，就是一个定性秦帝国政权的最适当的范畴。

历史的发展已经表明：古今中外的政权形式，不仅仅是专制与民主两种形式，还存在着许多形式的第三形态甚或第四形态的政权；它们既非民主制政权，也非专制主义政权；它们本身就是一种具有独立政治文明形态的政权形式。如果一定要用民主与专制这样的绝对标尺，划分纷繁复杂的政治文明实践，我们必然失之于简单化囫囵化，无助于我们接近历史与现实世界的真实性。

真理跨越一步，就是谬误。虽然，中央集权制与君主制，是最可能产生专制主义的两种政权形式。但是，毕竟不能等同。否则，日本有天皇制，英国有国王制，它们究竟是民主制政权，还是专制主义政权？从本质上说，秦帝国的中央集权制，在当时的历史条件下已经实现了相对的制约平衡，无论从哪个时代的标准说，它与专制主义政权都不是一回事。

十

秦崛起之后为何速亡

始皇帝病逝后秦帝国三年崩塌,是最大的历史悲剧。

历史悲剧,是美好事物的毁灭,是历史逻辑无规则的突然变形所导致的破坏性结局。从历史哲学的意义说,历史逻辑是具有真理性的那些历史法则。譬如,法治社会比人治社会更具有稳定性;譬如,创造性变革比保守性复古对人类社会具有更大的推动力;譬如,高级社会形态比低级社会形态具有更为强大的生命力;等等。也就是说,依据历史逻辑的正常发展,秦帝国创建的统一文明的国家形态,具有强大而稳定的特质,应该有相对稳定的发展;在中国古典文明时期,至少应该具有后来的统一政权所拥有的三百年左右的历史生命。

可是，秦帝国却突然灭亡，哗啦啦大厦倾倒，令人目眩。

我们不能改变历史所发生的事实。可是，我们有思索的权利，有开掘历史真相并总结其经验教训的权利。古谚云，事怪必有妖。也就是说，事情不按常理发展，其背后必然有不能以常情忖度的秘密元素。仔细解析秦帝国的兴亡进程，这一违背历史逻辑的速亡事实，至少隐含了两个方面的基本问题。

其一，导致秦帝国速亡的真实原因，究竟是什么？

其二，这个真实的原因，是历史逻辑的必然发展环节，还是历史逻辑之外的偶然突发元素？

对于这样两个极为重大的历史奥秘，中国古典史书上都曾经有主流性的明确回答。将所有的回答概括起来，实际就是两句话——暴政亡秦，事属必然。

对于这种流传两千余年的既定回答，中国近代以来的新兴人文理念，作出了新的解析，提出了新的挑战，但仍然未能占据社会历史意识的主流。所以如此鸡肋，既在于新解析本身的高度深度的局限性，又在于新解析者们思维方式的简单化——以救亡图存为目的的急迫性，以阶级斗争理念为解析方法的革命式论断。无论如何，这个最大的历史奥秘仍然没有真正被揭开，秦帝国身具强大的历史生命力而突然灭亡的真相，依然掩盖在历史的烟尘之中。这种混乱的历史意识，给我们带来的直接危害，就是当我们面临中国文明重建的历史任务时，当我们要走向法治社会时，我们几乎没有历史性的参照经验；我们不能明确，中国古典文明最值得借鉴的历史遗产究竟在哪个时代，我们赖以前进的历史根基究竟在哪里？

毕竟，我们是中国民族群，我们得寻找自身内核的成长基因。我们不可能靠移植器官，更不能靠移植某种思想，来改变一个民族群的生命结构。

所以，这个古老的问题，依然是个具有重大现实性的问题。

关于秦帝国速亡的历史原因，我觉得总体上可以概括为八个字："求治太速，善后无方。"秦灭亡不是必然逻辑的灭亡。假如秦始皇不死,秦的制度将会一直运行。汉承秦制,实际是退回到部分的分封制。历史证明,郡县制和部分诸侯制的并存是不可行的,会对王权造成巨大的威胁。有人把隋和秦的二世而亡相提并论,我认为基本上不可类比,它们属于两个逻辑。秦的灭亡,一个很大的原因是战国惯性。隋炀帝好大喜功,发动大规模征伐,个人生活荒淫无度,其腐败程度要远远大于秦二世。秦二世基本没有什么政治想象力,还未来得及立稳脚跟,就已经被赵高心腹逼迫自杀。那个时代各种战国时期的对抗力量还存续活着,思想的风向标还是战国时期的理念,历史未经时间考验,人们对强大的中央政权的态度还是如有缝隙便会蜂拥而上,争取领导权。所以秦二世残暴统治后,终于激起陈胜吴广起义和六国贵族的复辟。

  焚书坑儒历来被形容为秦帝国实行暴政的表现,但焚书坑儒在事件意义上有个基本点值得重新说明。我认为焚书坑儒实际上是六国复辟贵族逃亡带出的,起因是科研经费问题,后来发展为刑事案件。当时始皇帝给两个方士科研经费制药，但后来药没有做出来，人却跑了，于是开始追查。只要稍微翻一下史料就发现刚开始是这样的。后来追查方士却带出儒生。需要说明一点，当时秦朝的博士宫里，儒生占主流。秦始皇所用的这批儒生，许多对郡县制有看法，他们急于恢复周礼。所以追查到后面发现儒生有私通六国复辟之嫌，所以才实行了焚书坑儒，实际是为了排除私学而引起的朋党勾结、六国复辟。但是始皇帝博士宫里的七十多个大儒，到西汉时期都一一考证，没有一个被杀，所以当时的坑儒，也只是一些小儒，还有就是方士。所谓"坑儒"说，都是后来才兴起的。实际上，这个事件不大，意义也不大，就是因为有"坑儒"，儒家后来就无限放大。日本有位史学家李开元就考证，焚书和坑儒实际是两件事，到汉代以后才联系在一块。

儒家传统中一直对秦持否定态度，儒家士大夫恨秦。而且很多后世史家的观念受司马迁《史记》的影响。司马迁认为秦始皇怀贪鄙之心，暴虐治国。这也反映了汉武帝罢黜百家独尊儒术的思想。司马迁其实对汉武帝也有非议。知识分子的心态和他的生活状况是有很大关系的。司马迁遭受那样的苦难之后，心态和正常人不一样。李陵事件，在那样一种紧急状态下，司马迁说客观辩护的话被处罚。所以我们看到，《汉书》比《史记》记载汉武帝详细。司马迁《史记》里就明显敷衍了，只罗列汉武帝时期的各种文件，对事实反映很少。

十一

秦制度的历史缺陷

秦帝国当然有其历史缺陷。

这个问题是两方面的：一则是立足于当时现实的缺陷，一则是文明史意义上的缺陷。就前者说，秦帝国的缺陷主要是三方面：其一，秦始皇帝后期的势治超过了法治，使严密完整的帝国法治出现了失衡与断层，使权力枢纽区出现了人治的空间；其二，秦帝国没有充分地修法准备，没有及时从战时法治的重刑主义扭转过来，没有适时发展为常态法治体系；其三，秦帝国冒进过甚，基本建设规模过大、人口迁移的频率与规模过高过大、国防工程速度太高、意识形态求治太急、老秦族群消耗过甚。

若从文明史意义的立场评判，秦帝国没有重大缺陷。第一，秦帝国推行的政策符合历史潮流；第二，秦帝国的文明统一事业奠定了中国统一文明的根基；第三，秦帝国的法治造就了中国五千年历史上唯一的完整时段的法治社会；第四，秦帝国的政策失之于急，但并未失之于暴，秦帝国的政策远比后世屡屡出现的暴政时代清明平和得多。当然，要从社会性质上评判，秦帝国作为古典社会，相比较于当代文明，肯定是落后一个时代的。但是，这能算作历史缺陷吗？

历史是复杂的，秦的灭亡不能用必然性来说。首先一个基本理念，秦的灭亡是一个建筑师的灭亡，而秦所建立的文明大厦留下来了。我们不能因为建筑师自身机体内部的一些原因，而否定他所建立的这座大厦。

秦帝国的灭亡，发生在中国历史上最为特殊的一个年代。陈胜吴广农民起义为什么能做到"旬日之间，天下响应"，这绝不是秦的"暴政"压迫过烈的结果，而是那个时代的"战国惯性"存在的结果。那是一个暴风时代，当时两大对抗群体（秦国与六国族群）的当事人都还在世，社会风向标与时代理念，完全还是战国化的。否则，后世的农民起义为什么酝酿与发动的时间那么漫长，过程那么艰难？绿林赤眉起义、黄巾起义、黄巢起义、红巾军起义、明末李自成起义，等等，哪次能如此猛烈而迅速？如果不计这个历史基础，只从秦灭亡的突然性来证明秦所建立的文明的不合理性，这是完全没有道理的。

还有一种说法认为，因为秦的统一导致了后世的文化专制。西欧始终没有统一过，虽然在明清之前他们因为分散一直落后于东方，但正因为其分散催化出了他们的现代文明，如果假设秦不统一，中国发展脉络会不会像欧洲一样形成更强力的现代文明？

把统一大国形态当作遏制思想自由的一个弊端，这在现在的思想研究领域，也是一种相对普遍的思潮。他们认为，我们的分裂时期，比如战国时期、三国时期、魏晋南北朝时期，等等，都是思想自由奔放的时期，而一到统一大国时期，就是钳禁自由、禁锢思想的时期。从单纯的思想形态史的现象来说，的确是这样的。

但是，把统一的大国当作思想衰退或文明衰落的原因来看，是不对的。我们更应该看到，中国是人类文明历史唯一延续下来的国家。一个民族在自己的土地上，始终在创造着不同的政权形式与国家形态，进而延续着自己的国家文明生命力。这种"强势生存"状态，是需要强大的精神与丰厚的思想支撑的。如果统一时期的思想文化形态，比如统一秦帝国的思想文化形态（集中百家于国家博士宫，保护所有的实用科学书籍，并封儒家大师孔鲋为文通君）、盛唐思想文化形态等，被我们看成是"不自由"的另类时期，而不认为是人类历史上最强有力的文明时期，那是很偏执的一种评判。自由是一种健康状态，统一而有价值的共识时期也是一种健康状态。偏执认定一方，是有害的。难道只有西方的"自由模式"，只有西方文明，才是人类唯一的健康文明吗？

从近代史来看，西方文明对世界表现的侵略态势，与战国时代的"大争精神"看起来是有点相似。但是，通俗地说，西方文明的根基是一种"强盗根基"。一群古代地中海的海盗族群共同生活在一个地域，谁也不能消灭谁，要发展"海盗事业"就得相互商量，最终才能联合起来以"海盗逻辑"面对劫掠对象，并进行战后分赃。于是，有了古希腊最初的贵族民主制。他们一旦发展，一旦强大，必然路径就是扩张征服，发动殖民战争，古希腊体系内的马其顿帝国的亚历山大大帝，就是第一个在世界范围内推行这种强盗理念的西方君主。

西方文明的这种强盗根基，在近代社会发展为"舰炮政策""丛林法则"，对近代世界造成了剧烈的殖民战争，留下了深刻而普遍的后患。它们和战国的"大争精神"是有原则区别、根本区别的。战国的"大争精神"是建立在文明制度先进性的竞争之上的，是要把相对落后的文明融合于更高文明的一种全面竞争，战争只是一个方面，本质上是以人类文明的发展高度为基础、为基准的，是一种自觉的文明理念之争。所以，秦统一六国，天下各国族群的地位是平等的，都是"黔首"，秦人也不例外。而西方的古典殖民战争，所有战败国的民族都是被打为奴隶阶层的。

这就是"强盗文明"与理性文明的历史差别。

西方文明直到现在，仍然有鲜明的"弱肉强食"特征，仍然带有殖民战争的底色。中国的"大争精神"，从来没有产生过"殖民地战争"现象，中国文明从来不产生殖民战争理念，更不会产生法西斯主义。西方文明则是以掠夺进取精神为根基的价值观，本质上是不成熟的文明，是非常缺乏历史正义资本的，是有严重的历史缺陷的。法西斯主义能够在号称哲学思维最深刻的德国民族出现，本身就是一个典型例证。未来历史的发展，将证明这一点。

今问秦策

问

如何看待当下流行的历史观？

答

现在的历史观很混乱，要素不止一两个。

最大的缺陷是：用绝对主义的标准去衡量历史。就是绝对化的人道主义，绝对道义的标准。看历史，光看死了多少人，只要死的人多，那一代就是暴君、暴政，立即否定这段历史。没有人问这些人是怎么死的，为什么而死，死得值不值。后代否定前代，成为中国历史独有的恶风。翻翻二十四史，没有后代肯定前代文明贡献的。秦之前，中国历代都是褒扬前代功绩的，都是尊崇前代"圣王"后裔的。否定前人的恶例，是从西汉开始的。西汉彻底否定了秦帝国，开始了中国历史价值评判一个极其恶劣的传统。从西汉全面否定秦开始，晋否定汉，唐否定隋……对前代几乎都是"连根烂"，一无是处。这样一来，我们的历史几乎全部虚无主义了，没有任何一代能站得住脚。

十二

假如秦帝国没有速亡……

一个新的问题是，假如秦帝国没有速亡，历史进程将会如何？

历史进程的非逻辑发展，已经屡屡成为事实，这是任何具有历史意识的人都承认的。因此，依据历史逻辑的发展，重新审视非逻辑阶段的历史，就具有特殊的意义。这一研究方式的开创者，是英国的金融史学家贝尼尔·弗格森的著作《虚拟的历史》。他对"假如拿破仑在滑铁卢战胜""假如希特勒没有死"等诸多反历史结局的事件与人物的研究，都给我们提出了一种新的视野——揭示历史逻辑的深刻性与突然变形中断性，给人类提供更为丰富的历史经验教训。如此一种"虚拟历史"的方式，实则是揭示历史扭曲变形，使一个民族更为清醒地看到"本该如此作为"的可能性。虽然是后悔药,改变不了已经发生的事实,但是它的价值在于真实地揭示历史逻辑本该具有的延长线;对于一个善于思索总结的民族文明——譬如"二战"后的德意志民族文明——它的价值也许是更为长远的未来脚步。

依据历史逻辑,秦帝国倘若能稳定地延续二百余年的历史,那么中国的统一文明形态的发展,必然是另一种更为健康的进程——不会有一元独尊的思想独裁(秦帝国时期即使法家也没有被独尊),法治社会将以稳定的根基成为历史传统,而人治社会必然退出历史舞台;举国大建设之后的经济活力朝气蓬勃,匈奴外患将早早结束;秦帝国的"水德"国运无疑将扩展为航海壮举(一定会赶赴东瀛捕获逃亡的徐福一群);秦帝国是以实用理念为主导的国家,其对实用技术的重视将不会出现后世的视科学技术为"奇技淫巧"的僵化腐朽,科学技术的发展必然会有一方健康的社会土壤,等等。循此历史逻辑,中国统一文明的发展绝非后来的那般跟跟跄跄,漏洞百出。从大的方面说,最重要的是法治社会必然成为中华民族最为坚实的历史遗产。

做梦吗？是的。虚拟的延长线本来就是被现实中断的大梦。

可是，这个大梦曾经是那么无限接近于现实，我们却痛苦地与之失之交臂。历史逻辑提醒我们，曾经在一个最为关键的转折时代，我们这个民族群因权力人物的人性恶变而失却了一条康庄大道。我们的歧路亡羊，我们的一扑三跌，我们的土壤变质，我们的思想无可遏制地走向板结僵化，我们痛苦挨打的诸多历史阶段，都是在失却了那个雄风四溢的时代之后又百般鞭笞那个时代的状况下发生的，我们无法追究任何人的责任，只能是自己做自己受了。

假如这条历史逻辑的延长线，能在我们这个时代重新连接起来，中国民族群之万幸也！

今问秦策

问

秦的精神在后来朝代更多得到了传承还是篡改？

> 答

秦的实际制度基本上被代代传承，秦的社会精神与文明创造力，则基本被丢弃。汉武帝之前，汉承秦制基本是全载性的，包括继承秦的意识形态政策。汉武帝之后，作为社会制度的秦制已经定型，但作为意识形态的秦文明，却开始被自觉地剔出。西汉末期王莽大复辟，带来了沉重的社会灾难，惨遭失败之后，企图以复古取代秦制的政治倒退再也没有出现，实际秦制开始了恒定地传承。但是，也正是在实际秦制得到历史认可的大势下，秦的精神文明却被彻底地抛弃了。很不可理解，很荒诞，但是是事实。

十三

中国文明的三大跌落

春秋战国时代，确实是令人感奋的时代，整个民族可以说处在年轻时代，"重大义，轻生死"，整个是一个阳光时代。爱国人士层出不穷，民族英雄层出不穷。各个国家都在竞争，都在发展，都在为各自国家的生存奋战。

后来，我们的文明发生了衰落（衰减）。我一直把中国文明发展史，划分为两个大的板块。前三千年是一个板块，不断上升，直到秦建立了中国统一文明。可不要小看统一文明，把人们生活方式的基本准则统一起来，形成了一种庞大人口基数上的具有相对统一规范的社会生存方式，形成了一个大国；这可是自从人类国家产生到现在六千多年里，只有中国一家做到了统一文明。

罗马帝国统一了欧洲的疆域,但是它没有统一欧洲的文明。它每占领一个地方,这个地方的人就是我的奴隶,你给我劳动,给我交租交税;文字还是你原来的文字,语言还是你原来的语言,生活方式都是原来的,一切不变;就是,从你那儿给我输入财富就行了。这是一种分离式的(外在)统一。它的国家也很大,但是它在一千多年以后,公元300多年的时候,西罗马帝国就崩溃灭亡了。它一崩溃,欧洲立即一地碎片,整个成了丛林政权;经过四百多年的缓慢恢复,欧洲新日耳曼民族区域的法治文化,与罗马帝国依靠宗教所联络的局部文明结合,才渐渐建立了欧洲的小国文明。所以,统一文明的建立,是中国古典文明时代最伟大的创造。

世界文明研究领域的主流看法,把公元前800年到公元前200年,定为世界文明的轴心时代。这个轴心时代有两个标志:第一,世界大民族所形成的文明形态,已经有了它们的基本结构;第二,世界大民族所形成的文明形态里的大的宗教,基本也都成熟了,这标志着各大民族在精神上的成熟。所以把这七百年左右的历史,作为世界文明的轴心时代。这是整个人类文明史的轴心时代,而不仅仅是古典文明的轴心时代。而这个轴心时代,恰恰是我们的春秋、战国、秦帝国这三大时代。我们的春秋时代,是从公元前700年开始的。到公元前221年秦统一中国,再加上十五年秦帝国的生命,五百多年全部都在世界文明的轴心时代。在这个轴心时代里,创造性最大的,就是中国建立了统一文明。

中国建立了统一文明以后,在古典文明时期,我们就再没有伟大的建树了。可以说,这是后世各种各样的原因造成的。历史是苍凉的,我们不能说是悲剧,但就是一种呈现着不同方式、越来越走向暮色的发展状况。从西汉中期开始,中国文明有三大跌落,是一种瀑布式的跌落。

第一个跌落,是独尊儒术

独尊儒术是第一次以国家意识形态政策的方式,把我们的文明和思想多元化的根基拿掉了。我们从一种（思想体系）多元结构的文明，转化为独尊一家的文明。为什么我们后面的所有奋起，都带有一种艰苦的性质，甚至亡国之危多次临近？为什么屡屡有这样的状态，奋斗越来越艰难？就是我们的思想（精神）从西汉开始，把创造性思想体系全部遏制，把多元化变成了一家独尊。我们本来是几十台发动机，是巨大的火箭发动机，现在变成了发动机全取消，只留一个制动器，只留个刹车器。

因为儒家是中国思想体系里最保守的一家，属于保守主义。不是说我们反对儒家，儒家有它合理的部分；各个民族都有保守主义，保守主义在一定程度上是为民族踩刹车的，防止这个民族因为狂热激进而狂躁起来进入自我毁灭的境地。中国之所以没有产生法西斯，历朝历代都不会产生，原因就是儒家在后世的影响越来越大。由于它是保守主义，是内敛的。再加上后来的儒释道三家形成三角结构，三家保守体系的内敛学派，统治了中国思想领域。中国其他具有进取性的学派，像法家、兵家、墨家、吕氏春秋、荀子等这些阳光性的学派思想，统统被遏制；实用技术学派，通通被贬为"下九流"；各家各派，不许与儒家并进，儒家独尊。这种保守主义独尊，使我们民族的精神状况失去了创造性发展的余地。一开始状态还不是那么鲜明，比如西汉东汉时期，一直到曹操的三国时代，阳刚性还有一定的影响力，国家民族还有一定的强势性。循着惯性走下来，儒家再强大还没强大到干预一切、全面改变人精神的程度。

第二个跌落，是魏晋南北朝的"玄学清谈"之风

这是拿掉了中国思想中最大的一个特点——求实性。实事求是，从实际出发，实用主义等踏踏实实的实干精神，在这个时代被蔑视、被淡化、被非国家化。这就是"玄学清谈"。官员与知识分子的迂腐性开始普遍形成，不作为，不谋事，专一地以迂阔谈论为风尚，甚至开始被视为一种光荣。全世界都没有"读书人"这个概念，只有中国从那时开始，有了"读书人"这个概念。读书人是什么？就是以

读书为职业、远离社会生存艰苦性的一个阶层。这在中国是一个非常奇怪的东西。

第三个跌落，是宋明理学

宋明理学的出现，是以提纯儒家、改造儒家开始的。他们认为，儒家的思想，包括孔子的思想都不纯，只有"理学"是最纯粹的。那时，甚至把荀子都开除出孔子的孔庙了。理学的纲领是"存天理，灭人欲"。世界哪有"存天理，灭人欲"这样的哲学？他们要把人的欲望消灭干净，只允许天理存在于人心。那么，天理是什么？天理如果失去了人心，还有真正的天理吗？天理不是人心总结出来的吗？所以，宋明理学是中国思想走向僵化的最后阶段。

上面这三个跌落，再加上历朝历代对独尊儒术政策的不断巩固，儒家越来越成为独居文化霸权的存在。而且，科举制中所有出题的权力、阅卷的权力，全部以儒家为标准。它堵塞了知识分子其余途径的当官之道，你只有向儒家投降，只有成为儒家书生才能当官。这样一来,我们全部的思想领域就被儒家所占据。文化霸权导致文明衰落,这是我们后两千年非常大的一个问题。

―― 十四 ――

儒家代表不了中国传统文明

近代史上的救亡图存，一百多年中最响亮的口号，是"打倒孔家店"。为什么？因为在那种生死存亡的关头，人们最能认识到保守主义思潮给我们带来的危害。我们春秋战国、秦帝国时代的那种强势生存风貌整个不见了。什么叫强势生存？穷困而不潦倒，富贵而不沉沦。共产党在长征路上就有远大志向，发表了北上抗日宣言书。军队那么小，处于那么弱势的地位，却能想到国家当下最大的危亡点在哪里，然后奔着这个点去奋斗、去冲击，于是感动、感召了一个时代。一个国家真正的生命力，一定不要忽视民族精神和国家意志，即主导性精神对民族的激发。国家本来就是由人群组成的，人总是有精神的。我们不要像很多学者一样，整天拿理论逻辑说话,而忽视突发变化,比如战争会不会临近、中美关系等,我们总是拿贸易依存度来说话。对重大事变对国际形势的推动,对历史链条的推动,对非逻辑性的破坏,我们总是估计不足。这就是我们不从历史实践出发带来的危害。我们要从历史实践去观察问题,去提出问题,去提醒国家,我们有这样的义务。

儒家的政治立场是复古倒退。儒家的政治哲学是极端保守主义。所谓政治立场的倒退性,是指儒家站在古老文明的立场看春秋战国的变革潮流,坚决主张社会应该回归周文明,回归井田制时代。从孔子到孟子,儒家历经近十代之久,无论在理论上还是在实践上,儒家都一反当时激荡沸腾的变革思潮,鲜明地倡导自己的复古主张。这种复古倒退,于国于民皆有大害。所以,无论儒家学派对入仕执政多么孜孜以求,当时都没有一个国家敢于接纳,敢于重用其领政。

所谓极端保守主义,是说儒家思想体系中那种游离出复古立场,扩展提出的政治理想、社会价值理念及人伦哲学等思想体系，其本质是保守的。譬如大同思想，仁政理念，学而优则仕价值观，中庸理念，和为贵理念，君君臣臣父父子子的人伦哲学，血统亲友相互庇护的理念，等等。具体分析，其中都有某些相对的合理性。但是，从总体上说，从本质上说，儒家思想体系的基本面，是以牺牲社会创造精神、牺牲社会正义原则为代价的；其哲学形态是崇尚静态守恒的，是不主张社会变革的，是极端保守主义的。

在一种健康全面的、多元均衡的文明生态中，保守主义，甚或极端保守主义，都是有其历史价值的。历史上的保守主义政治家，也曾经不乏深刻思想，包括孔子、孟子等儒家大师，都有过深刻的哲学思想。但是，局部的深刻思想，并不一定等同于进步理念。保守主义的历史价值，不是推动社会发展，而是做社会发展的制动器，踩刹车，防止社会向极端方向冒险沦入深渊。但是，若是在一种畸形的以保守主义为单一主宰的文明生态中，则保守主义一定是腐朽的、落后的。一列大型国家巨车，发动机越多元越强大，制动器的作用才越显重要；要是将发动机罢黜了，将制动器独尊了，那么，即或这个制动器是神仙变的，是金子做的，也铁定如粪土一般。这，就是文明生态的相互依存与均衡发展。

西汉中期，儒家被独尊之后，学术面貌开始发生了悄悄的变化。儒家与一脉相通的统治者们达成了最大的默契——日渐淡化儒家在原生时代的倒退立场与复辟主张，日渐强化儒家在社会伦理方面的学理性，充分担负起对人民的保守主义的教化功能。久谎成真，以至于今天的我们，已经很少有人注意到儒家腐朽的政治根基，更很少注意到儒家被整个春秋战国两大时代抛弃的真相了。虽然儒家刻意地改变自己已达两千余年之久，历经宋明理学之后，儒家更几乎成为纯正的社会伦理学派，但是儒家以极端保守主义为本质的思想体系，已经普遍地弥漫开来，渗透了中国社会的各个角落，给后世造成了极其深刻的精神误导。

最重要的误导是，儒家保守主义的教化，<u>丝丝缕缕地消减着中国民族的文明创造力与社会变革精</u>

神。求变图存，勇于变革，本来是中国原生文明的丰厚传统。可是自儒家独尊，中国社会两千余年中的变法运动，几乎没有一次真正地完成过，更不说深彻全面地成功了；而且，越到后来，变法的频率越低，成效越是微弱；即或是纯粹的局部的财政改革，也是举步维艰，兔头蛇尾，细弱得令人脸红。后世的复辟寡头，几乎都是大儒。后世变法的反对派领袖，也几乎都是大儒。前者如王莽，后者如司马光。

今问秦策

问

对于儒家，您的立场是什么？

答

对于春秋战国时期的儒家，无论从情感还是理智，我都是两分的。我喜欢儒家的治学态度，也喜欢儒家碰壁之后的无可奈何的颇具幽默的达观,当然,也还喜欢孔子的质朴诙谐,孟子的凛然雄辩,等等。但是,对儒家秉持倒退信念而顽强参政,且一律打倒不同政见者的理论与实践,我是很不以为然的,说深恶痛绝亦不为过。

十五

中国文明重建的基础问题

一

中国文明在春秋、战国、秦帝国三大时代奠定的多元化的、强势生存的统一文明根基,我们的社会已经遗忘得太久。我们的历史意识,仍然基本深陷于"读经"的囹圄,仅仅以几个儒家大师的"四书五经"为标准去评判历史,而没有普遍进入对波澜壮阔而又鲜活生动的历史实践进行深入研究并重新发现的历史高度。

历史实践证明,世界任何国家任何民族,其文明重建的第一要务,都是对本民族文明的根基时代作出历史的新发现与新总结,从而提供当下社会能够赖以前进的历史根基,提供当代应该而且能够继承,并在历史发展中已经定型了的核心价值观体系。欧洲曾经的文艺复兴运动,之所以越过中世纪的黑暗,而直接对古希腊与古罗马的文明进行大规模的重新发现与总结,正是这一历史实践的典型例证。欧洲如此,对于中国这样一个古老的国家,更不存在超越历史实践的第二条或第三条道路。否则,中国文明的重建与跨越,就是十足的空谈。

可以说,我们的社会文明史意识,在目前状况下还非常混乱。对于中国历史与中国文明根基,除了儒家的"四书五经",我们几乎说不清任何问题。这样的社会历史意识,要作为文明重建的社会精神基础,还有很大的距离。这是我们面临的文明危机的最为基础的忧患——缺乏对中国文明历史的发现需求与发现能力,无法为中国文明的重建提供坚实的历史认识。

历史实践证明,一个国家的真正发展,真正崛起,真正发达,从来都是以本国本民族的文明重建为最重大最长远的战略目标的。如果没有这样的战略发展目标,一个国家的改变与振兴,就只能停留在经济增长的层面上。从世界范围看，这种缺乏文明重建而只注重于富庶生活增长的国家，无一不被商品经济的洪水猛兽与异质文明侵蚀。这种过着富庶生活的文明缺失国家，在世界上比比皆是。他们既不会振兴自己，也不会威胁别人。所以，在文明冲突中虎视眈眈的西方世界，最为漠视的就是这样的国家。

曾经的英国首相撒切尔夫人有一种说法。在西方世界许多人都因为中国经济崛起而嚷嚷"中国威胁"的时刻，她作出了这样的评判："中国的崛起并不可怕。因为，中国是一个不输出价值观的国家。在历史上，凡是不输出价值观的国家，都不会构成威胁。"请注意，所谓"不输出价值观"，在西方政治语言谱系中有三层实际内涵：一则，这个国家不主动输出自己的意识形态，也不发动对外革命式的颠覆他国政权的行动；二则，这个国家的文明价值观不明确，无法对世界清楚表述；三则，这个国家在重大的生存利益问题上，没有基于历史传统而产生并能清晰表述、严格坚持的核心价值观体系，实际上是无可输出。

　　这一评判至少说明，我们对中国文明的根基究竟如何在我们这个时代确立，并形成我们文明重建的基础，还远远没有国家层面上的自觉的战略意识。历史的可能是，如果我们仍然继续忽视文明重建的历史使命，我们就会变成许许多多的文明缺失国家中的一员，如同没有灵魂的巨人，只能在世界没有目标地游荡。

二

　　在五千年的中国文明历史上，我们曾经无数次地面临异质文明入侵，每次都是以中国文明的战胜而告终。由此，中国文明的强大融合力，成为我们民族文明的骄傲。但是，发生在近当代的这次不间断的历史性的异质文明渗透，却远远不同于既往历史上的异质文明入侵。之所以不同，不在于异质文明入侵渗透的强度与烈度，而在于既往历史上的文明入侵无论以何种方式出现，中国民族从来都坚信自身文明的高贵性与优越性，以强大的文明信念迎难而上，进行着文明领域的全面自卫战。正是这种无可消磨的强大信念，支撑着我们持久的忍耐力，也支撑着我们博大的文明襟怀，更支撑着我们民族优雅灵活的融合步调，使我们总能成功战胜不同方式的文明入侵。正因为如此，中国文明虽历经磨难五千年而至今犹存之。

但是，今天的文明危机不同了。

我们真正的危机在于，我们的社会精神已经普遍失去了对自身文明的信念。历史实践已经证明，任何时代任何国家的文明危机，都在于构成这个国家的主体民族的文明自信心的衰减与丧失。

自近代以来，中国人对自身文明历史的怀疑与批判，如海啸大潮连绵不断。一方面，无论是对中国历史的根基时期，还是对中国文明本身，都是激烈怀疑的，都是彻底否定的；另一方面，无论是对西方世界的历史，还是对西方世界的文明，都是由衷崇拜的，都是拿来主义的。弥漫中国近二百年的全盘西化论，始终势头未减，此之谓也。历史的另一映像是，在对中国文明历史的审视上，左翼思潮的隔绝于历史，与右翼思潮的连根否定中国文明，不期然地发生了历史效果的重叠。无论出发点是多么地不同，在抛弃与否定中国文明传统这一结论上，他们达到了惊人的一致性。这就是说，在相当长的历史时期，中国社会的主流认识，是对扬弃性继承中国文明不再抱有希望，对中国文明的根基性优势已经丧失了信心。从根本上说，在相当长的一个历史时期，中国社会主流对以中国传统文明为基础而重建中国新文明，已经丧失了信心与兴趣。精英群的希望，一则建立在以新革命理论为基础，重建未来文明；一则建立在以西方文明为蓝本，对中国文明进行彻底改造。显然，无论哪一种构想，都没有建立在中国文明的根基之上。

三

改革开放新时期以来，基于社会意识已经普遍对中国若干重大历史问题开始进行重新思考，也基于西方文明更为强烈的输出大潮,中国社会对自身文明的反思再次提上了历史日程。在这一进程中,"黄色文明落后论"出现了,"中国文化酱缸论"出现了。在这样的思潮弥漫下,主张全盘西化论,几乎成为"精英"知识分子与中国新兴富裕阶层唯一的精神救赎;他们对中国文明的重建,再次丧失了信心,而将希望再度建立在照搬西方文明之上。不同的是,中国的国家层面与不构成主流的散落的社会思索者群,这次表现出了相对的疏远、冷静与深思。也就是说,对中国文明的彻底否定,这一次没有以"两翼合流"的历史形式出现。应该说,这是中国文明历史的幸运。

在中国社会中,第一次出现了对中国文明根基的认真反思。

虽然,这些思索成果还是星散的绿叶,却是中国文明重建的希望。在中国的现实社会中,两种趋势都在不断发生量变。一方面,在异质文明渗透下,越来越多的人正在丧失中国文明重建的信心,以改信西方宗教的形式与其他种种方式,宣示着中国文明的熄灭信号；另一方面，越来越多的人群正在恢复或增强中国文明的自信心，越来越深入地思索中国文明重建的战略突破点。历史地看，这几乎是春秋时代陵谷交替的再现，一方面是礼崩乐坏，一方面是瓦釜雷鸣；旧的脓疮与溃疡正在大块脱落，新的肌肉与新的骨骼也在迅速生长。

1999年前后，我曾经于《大秦帝国》写作之余，以真实姓名在新浪网的《舰船知识》阵地发表了一组文章，总题目是《世界曾经拥有这样的中国——关于中国文明发展的历史经验》，后来被网络称为"强势六论"。这组文章的基本内容与目标，就是对中国文明在历史实践中所锤炼出的核心价值观体系作出总结。

我们能够做些什么？我们应该做些什么？

在国家时代，一种文明形态的生灭发展，主导力量在国家意识，基础力量在社会意识。不能说，作为人民的我们是无可作为的。在既往的历史实践中，中国人用"国家兴亡，匹夫有责"这样的成语，概括了民众的社会责任意识。

重 建

面对国家与民族的文明危机，结束困境的历史突破口只有一个——从对人类文明发展史的审视中，寻求我们的思维突破。这就是说，面对历史的挑战，我们所能做的第一件事，就是站在历史实践的立场上，对国家时代的文明发展历史进行深入研究，发现世界文明在历史实践中的兴亡法则，发现大国文明兴亡生灭的历史经验与教训。当然，更为重要的是，以世界文明的宏大视野，发现中国文明在历史实践中矗立不倒的真正根基，发现那些足以构成我们精神生命的核心价值观，从而使我们对自己的文明有一种强烈的信念，并足以构成我们重建新文明的精神基础。

古往今来，中华民族都是最具"天下意识"的民族之一。何谓天下，古曰九州四海，今曰地球世界。即或在中华民族陷入水深火热而全力救亡的历史时期，我们民族的优秀群也没有丧失"放眼世界"的意识；即或在物力维艰的历史时期，我们也有着"环球同此凉热"的理想与境界；即或在举步维艰的改革开放初期，中国的目光也是首先投向世界格局的。可以说，在全世界同期的经济改革中能够一枝独秀，能够稳步前进，中国民族天赋直觉的敢于走向世界的意识，是我们的精神导向。敢于研究大问题，敢于承担大责任，敢于将中国的事情融入世界格局去思索，去作为，去创造，是我们民族在五千年历史实践中锤炼出来的厚重坚实的精神品格。

我们不怕一时的贫困落后，我们不怕历史的挑战。

"三军可夺帅也，匹夫不可夺志也。"这个志，就是我们民族对自身文明的精神信念，就是我们每个人敢于对国家文明负责的忠诚节操。面对历史挑战，我们只有从"心死"的最悲哀境地走出来，才可能站立起来，投入中国文明重建的历史洪流中去。

三 启今

大争之世与当代中国

十六

大争之世的难关：

反霸破交　正大崛起

从现实来讲，我们现在面临的大时代形势，和中国历史上春秋战国时代是非常具有同质性的。这种同质性主要表现在两个方面。第一，两个时代都是文明大转折时期。春秋战国当时面临的是分治文明走向统一文明，青铜文明走向铁器文明的大转折时期。今天我们面临的时代，则是中国文明从以农耕经济为基础的传统古典文明，要转折发展到以工业经济和科学技术经济为基础的新时代文明形态。从实质上说，这是我们面临的一个文明重建的大转折时期。

第二，同质性的基本点在于都是"大争之世"。不是普通的小争，而是大争。什么是"大争"？

"大争"就是争得全面，争得彻底，是全面实力竞争。从俄乌冲突可以看出，全面封锁，全面围堵，全面打压，全面突围，包括冲突方式在内的全面竞争。

春秋战国时代也是这样一个"大争之世"。春秋战国时代有两位伟大的思想家就当时的时代精神，给予了两次概括性评价。第一位是齐国的丞相晏子，也就是晏婴，春秋中后期的一个伟大思想家。他的说法是："凡有血气，皆有争心。"第二位是韩非，战国后期法家的伟大思想家。他对当时时代的定位性评价，是"大争之世，多事之时"。

我们今天确实面临一个"大争之世，多事之时"。我们今天的很多问题在那个时代都曾经发生过。我们今天的探求，正是为了了解那个时代的先人们是怎么解决这些历史问题的；从解决这些历史问题的经验中，寻求我们未来的历史脚步。这也许对我们有一些历史性的启迪。

秦国崛起的最典型的历史经验是什么？这是

非常重要的问题。第一个给我们带来的历史启示是"反霸破交,正大崛起"。因为任何一个强国的崛起,首先面临的就是反对旧时霸主的封堵问题。春秋有"五霸",战国有"七强"。任何一个新生力量的崛起,都面临着旧势力的封堵。如何突破这种封堵,必然是新起强国面临的第一个问题。所以,反霸破交同样也是秦国崛起以后面临的第一个问题。具体来说,秦国的"反霸破交"经历了三个历史阶段。

第一阶段,合纵连横的破交战阶段

这是从变法之后的第二代,即秦惠王时期开始的。此前是秦孝公商鞅变法,秦国已经富强崛起。秦惠王一代开始面临的主要问题是要冲破六国的封锁。六国的封锁战略计划名称叫作"合纵"——山东六国形成南北纵线,封锁秦国于西部。这是由外交大师苏秦发起的。合纵运动的中心目的,是把秦国封堵在西方一隅,使其不能东进,不能对山东六国造成威胁。因为秦变法以后,国力已经强大,法治文明在当时已经成为领先时代的文明潮流了。但是,苏秦在对山东六国的合纵游说中,表现出一个基于正道的外交理念:要为天下创造一个平等大争的机会,把秦遏制住,让山东六国重新变法,均势大争。当时的战国七强,每个国家都是有过变法的,至少有过一次。在他们之间开始大争的时候,孰先孰后,谁当成功,谁应该承担统一大任,还不是很分明。所以,山东六国被苏秦发动起来,都认为应该把秦国遏制住,让六国的力量继续壮大发展。这就是合纵。

当时,秦在外交上的最大突破是创造了"连横"战略。"连横"的意思是东西两国或多国连成一线,突破山东六国的南北合纵线。具体内涵是在山东六国中寻找一个突破点,打破他们的联盟,通过邦交,打通秦国东出路径。秦国的设计是和燕国结成联盟。因为燕国在山东六国的最北边,比较远,还有一部分秦人遗族,又是一个特殊的老贵族大国。经过一段实践操作,张仪成功完成了联燕任务。之后,苏秦立即发动了第一次六国合纵大军，有六七十万，在函谷关外摆开战场准备攻秦。这是第一次合纵大战。经过秦国上将军司马错的军事设计，在张仪的破交战配合下，秦国战胜了这次合纵之战。

这种合纵攻秦的战争几乎贯穿战国中后期。其中大规模的合纵（攻秦）战争有过三次。第一次，是苏秦合纵。第二次，是秦昭王初期的齐国合纵，被白起击溃。第三次，是山东六国唯一战胜秦军的一次合纵。其时，白起蒙冤致死，秦昭王意图连续灭赵。山东六国深刻地警觉到，赵国如果倒下，山东六国将彻底危机。因此，信陵君发动了较大规模的合纵反击，信陵君"窃符救赵"说的就是这件事。这次，信陵君胜了，攻赵的王龁秦军被击退了。

合纵连横阶段基本到秦昭王初期就终止了。最后的历史效果是合纵没有把秦国遏制住，秦国破除合纵而继续向前发展了。到秦昭王后期，秦国力量已经非常强大，国土面积也大大增加。秦国的反霸破交进入了新的阶段。

第二阶段，范雎提出的远交近攻

秦国的远交近攻，是一个对山东六国非常具有威胁的攻击性战略。当时，秦国的国土已经达到"五个方千里"，合今天的土地面积约一百二十五万平方千米，是当时中国的六分之一左右，已经很大了。远交就是和远距离的强国交好。典型的例子是先和齐国交好，把齐国孤立于山东六国之外，使其保持中立，永远不参与或基本不参与山东六国对秦国的围攻。齐国这种状态一直保持了五十多年。直到秦统一六国时期，齐国还没有从这种"忘战"状态中醒过来。

近攻，就是对距离秦国最近的韩、赵、魏（三晋）与楚国展开猛烈的进攻。按照范雎的说法，对这些接壤国家展开进攻，得之一寸算一寸，得之一尺算一尺，立即能见到成果。在古典战争时期，战争带来财富的直接输入，对战争是一种非常大的后援作用。我们都知道，燕国的猛然富庶强大，就是依靠灭齐战役。齐国现存的物质财富，基本被燕国掳掠一光，齐国从此衰弱。总体上说，第二阶段反霸破交的核心理念，是以军事实力为根基的远交近攻。

第三阶段，始皇帝时代的武统外交

秦王嬴政亲政后，进入了强势外交阶段，即"武统外交"。当时，天下向往统一，已经形成了一种潮流。按孟子的说法，就是"人心向一"。时代有了这样的历史需求，秦国作为当时最强大且代表最先进法治文明的国家，自觉担负起了统一中国文明与疆域的历史"天命"。在这种大势下，秦国推行的邦交政策就是"武统外交"。就是以"武统"为根本，以进攻性为特质的强势外交。在战国历史上，在统一中国的问题上，一直有和平统一和武力统一这两种主张。但是，和平统一从来没有在历史实践中以实例出现。秦王嬴政在统一中国的历史过程中，也曾经有一次确实准备和平统一。但是，这个幻想迅速被打破，并立即恢复到"武统"的路径上去了。

而且，灭六国的六个大战役结束之后，秦国仍然用武力解决了中国边境大患，以及岭南可能脱离的危险。不要看盘整岭南没有发生激烈的大战争，但是其意义却非常深远。

秦的五十万大军在岭南扎住了根基（成为后来客家人的祖先）。秦末暴乱起义，动荡的时候，这五十万大军也没有北上，而是原地固守。这个未被史料记载的断点中，有很多可以探索的历史奥秘。其中一个可能，就是始皇帝事先的部署安排。因为一旦大军长驻，将士要解决通婚等问题；像这样的军队再拔营回来，事实上，远水解不了近渴。所以，这支大军后来就独立驻守岭南，建立"南越"政权，进行变法，统一了岭南百越部族。西汉重新建立统一政权以后，首先挑起了与"南越国"的矛盾。吕后当政时期，西汉政权封锁"南越"，不给通商，不给贸易，而且把赵佗父母的坟墓掘了。由此，赵佗被激怒，跟汉军发生了几次战斗，都以汉军失败而告终。从汉文帝开始，西汉开始招降"南越国"赵佗。最后一次，汉文帝派陆贾做特使，又一次招降赵佗。赵佗

启 今

在九十岁左右的时候,终于同意了(赵佗活到将近一百岁)。赵佗给汉文帝回了一封长信,陈述了"老夫带甲百万"在岭南做了哪些事。历史事实是,这支最后的秦军,在岭南稳定的那一段时期曾经效仿商鞅变法,对岭南实行了非常大的改变,整合部族政权,把岭南"百越"族群整个稳定了下来;他的战斗力很强,军队力量也很大。在长信的最后,赵佗说,老夫何以归汉,"不敢忘先人之故也"。这就是这支秦军将士们的伟大情怀。他们的先人是谁?无疑是始皇帝君臣。这一代人最大的愿望是什么?无疑是统一中国。所以,"不敢忘先人之故也",就是不敢忘记先人的遗志。先人的遗志是什么?是统一中国。故此,我不能闹分裂,只能主动归汉。

这五十万秦军,是秦人在统一中国时期派出去的屯垦兵团,他们和岭南人民的血肉融合在了一起,避免了这片苍茫河山脱离中国文明。所以,这是一场非常伟大的战役。我们不要认为,统一中国仅仅是灭了山东六个国家,其中伟大的贡献之一,就是把岭南盘整回来了。

很多历史的真相，今天已经模糊了，我们要在这个时代把它凸显出来。

总体而言，在"反霸破交，正大崛起"的历史道路上，秦人做得是最好的。我们为什么说"正大崛起"？因为一个强国在由弱变强的崛起过程中，肯定要受到围堵。我们是一味地（绝对化地）韬光养晦，还是在必要的时候展现光明正大崛起的勇气？这对于我们的今天特别重要。

依据战国时代的历史经验，反思今天中国的外交领域，我认为存在一些弱点：

第一个弱点，我们的外交人才团队的来源根基存在问题。

新时期的中国把外交过分看作了一种专业，外交学院、外语学院是基本的人才来源地。很多高层外交人员是秘书、翻译出身，现在呈现的外交队伍结构不够丰满坚实。至少，我们要从中华人民共和国成立初期外交队伍的组建中汲取经验。中华人民共和国成立初期，毛泽东、周恩来组织外交队伍时，为什么不大批量地接收国民党的外交人员？如果纯粹从专业出发，国民党外交部遗留下来很多专业人才，完全可以作为我们的外交班底。如果外交的核心是技术性的，那些人几乎完全可以使用。但是，为什么事实不是这样？中华人民共和国的外交核心团队，几乎全部是从军队政工干部里抽调。这反映了一个问题，就是老一辈革命家认为，外交领域的核心是立场问题，而不是专业问题。对国家有没有深厚情感，对民族精神有没有认知能力，是不是"凡有血气，皆有争心"的人，才是重要的。所以，外交人才的遴选，究竟是一个专业问题，将侧重面放在专业要求上，还是将侧重面放在立场高度与精神层面，这是一个很大的立足点问题。

我们建议外交部完全可以从社会中发掘人才。现在自媒体这么发达，许多人在自媒体上发表看法，语言非常具有进攻性，而且民族精神、国家意识表现得非常浓烈。他们对国家强大的阐述和对于中国外交应对的论说都很犀利。在中央总体理念的指导下，他们能够用创造性的语言阐述问题。这样的社会人才，为什么不能吸纳到外交部去呢？

第二个弱点，在正大崛起的道路上，外交理念的阐述始终没有鲜明起来。

我们的外交理念，是将"韬光养晦"绝对化。新时期，习近平总书记提出了"人类命运共同体"理念。这是一个非常伟大的人类发展的目标，是一个伟大的构想。这个理念，在内涵上超越了毛泽东时代的"三个世界"理论。当年，毛泽东提出了这样的世界外交理念后，周恩来率领的外交团队就能依据这样的理念，创造出中国的外交策略，在万隆会议上提出"和平共处五项原则"。那么今天，习近平总书记提出了"人类命运共同体"，外交团队在外交层面上把中央的大战略思考化成了什么样的外交阐述？有了最高外交理念，但外交层面的阐述与操作却没有创造性，这是一个需要改进的问题。

第三个弱点，外交团队没有自己的语言谱系。

可以想一下，中华人民共和国成立七十多年了，在这么长的时间里，前三十年是有外交语言谱系的。尽管那时的语言谱系在现在看来已经过时了，但在

启 今

当时它是非常有冲击力的，它代表了中国政府鲜明的立场，反帝国主义、反霸权、反苏修社会帝国主义、"东风压倒西风"、对战争态度的精辟表述，等等，都有自己鲜明的语言谱系。而且，这些语言谱系的冲击力非常大，在世界穷困地区，甚至在先进国家，都曾经引起了强烈的震荡。但是，我们今天的外交语言谱系在哪里？

在外交层面，我们有很多问题急需解决。第一，韬光养晦的节点在哪里？我们总想和平崛起，几乎将和平崛起和韬光养晦僵化地捆绑起来。我们不能这样绝对化。随着世界大势的演变，我们对很多问题必须作出新的说明。比如，美国总把我们说成"竞争对手"，而我们连"竞争"这样的理念都不敢承认，总是说合作共赢。合作共赢是否包括竞争？如果我们连正当的竞争都不敢接受，还谈什么崛起？和平崛起也是崛起，也是要占旁人利益的。山一样庞大的体积从海平面下崛起，把海水冲得翻翻滚滚，很多生物都要跟着受伤，它们当然要遏制我们。良性竞争、正义竞争的理念，在春秋战国是绝不缺乏的。我们这个民族群是非常硬朗的。今天的我们，对竞争理念的接受点在哪里？提倡良性竞争有什么不好？国内企业有竞争，反垄断法就是保护竞争的。我们在事实上很清楚，实际政策上也很清楚，但在精神姿态上和对外声明上，为什么要展示一个相反的面目？不敢强调竞争，不敢承认和美国是竞争关系。那么是什么关系？你说合作共赢，人家认为不是共赢，我就要独赢。这是很清楚的。面对邪恶的国家，邪恶的精神，在外交应对上的语言谱系是什么？至少，我们现在没有有价值的语言谱系，没有向全世界说明自己的语言谱系。我们很多时候，都处于呼之欲出而又总说不明白的状态。这种状态必须改变。如果不改变，就会给整个民族一个很憋气的感觉。我相信，这不是中央的所图，也不是中央的认知。这就要依靠我们外交团队，依靠国家智库与民间智库，从基础上改变。

我的中心意思是，在崛起的道路上，不要把和平崛起绝对化。世界上没有绝对化的事情，你强调和平崛起，不要抱幻想太多，认为别人完全接受你

启今

和平崛起的说法。我们主张和平崛起，我们不主动进攻别人。但是，伴随着自身实力的强大，如果不用和自己地位相适应的语言谱系去说明问题，不把道理说在实实在在的利益交换处，别人就会认为你是伪善的，听不懂你在说什么。所以，我认为中国从上到下，尤其是知识界，要非常明白这一点。

我们恰恰要在由弱变强的过程中，确立随时作战的思想，确立随时全民奋发作战的思想。这样的国家精神，如果不树立起来，那我们在崛起的道路上就会吃很大的亏。战国兵书《司马法》有一则警训，"国虽大，好战必亡"。但不要忘记，还有最后一句话，"忘战必危"。忘记战争的民族，是危险的。忘记战争的国家，也是危险的。我们当然还没有到忘记战争的地步。但是，我们漠视了，或者模糊了我们在前进道路上随时准备迎接战争的可能。踔厉奋发，就是树立一种在竞争中奋发前进的精神状态。在外交层面，我们连竞争理念都不能作为国家主导精神，还谈什么正大崛起？

今问秦策

> **问**
>
> 中国现处于战国反霸破交的哪个阶段？

> **答**

我认为中国现在还是处在"正大崛起"的第一阶段：合纵连横阶段。因为我们还在世界上寻求合作者、同盟者，寻求愿意和我们合作共赢，也愿意在竞争中合作共赢的力量。大多数以美国为首的势力还在封堵我们。所以，我们必须有一个比较明确的合纵连横方向。我们还没发展到秦国的第二阶段。第二阶段是真正强大起来了，开始战胜一系列对手了。合纵连横的要害就是寻找一批相对坚实的伙伴，打破对方的遏制阵营。从这个本体要义出发，我们联盟的伙伴已经自觉或不自觉地形成了，就是俄罗斯。和俄罗斯如果能形成连横的关系，那么西方阵营合纵势力再强，我们也毫不畏惧，我们会战胜他们。俄罗斯和中国幅员辽阔，又都是有古老历史的国家，各自在世界上都有影响力。现在，关键是要确立和俄罗斯联合的根基。

但国家关系是动态的。我们一定要树立这样的理念。在"正大崛起"或者"和平崛起"的过程中，很多问题没有突破，原因就在于我们把国家关系总看得过于僵化。例如，有些人总用贸易依存度来看中美关系，这非常僵化。连横破合纵，我们和俄罗斯目下结盟，也不要绝对化地看。俄罗斯文明与中国文明有差异，有历史矛盾和历史遗留问题。但是，目下我们就是同盟。因为在反霸目标上，双方利益是共同的。这是我们目下的盟约基础。

国际社会有一句话：只有利益是永久的，朋友都是暂时的。我们虽然不能信奉西方人关于外交的定义——外交就是一群人代表国家的利益去撒谎。这很荒唐丑恶，不是正道的外交理念。但是，我们一定要把外交结盟看成是动态的。我们要有一种战国时代的阳光外交理念，即实力竞争、强势生存的理念。目下我们是朋友，将来有矛盾再争，谁争过谁再说。还是要依靠竞争往前发展，不要企图一下子把问题解决完，也不要企图结交一个永远不灭的盟友。

十七

大争之世的根基：

变法图强　坚持改革

一个国家要发展，"变法"是非常重要的。用今天的话说，就是改革。

战国时代的七个大国都有过变法历史。其中，变法最典型、最深刻的是秦国。秦国的商鞅变法在中国历史上被后世曲解得非常厉害。曲解的一个主要标志，是我们没有认识到商鞅变法给后世中国带来的最大改变是什么。因为没有认识到它的本质所在，所以后来的"变法"就越来越变形了。

秦国变法的根本点是什么？是土地制度的改革。各个国家的变法都是以土地问题为核心的，但直到商鞅变法时期，土地所有制问题还没有彻底地解决。没有彻底解决的重大标志，是私田的出现在各国还都是被默认的状态,没有被任何一个国家以法律的形式公开承认。商鞅变法开历史先河,以法律的形式承认了土地私有制的存在,"废井田,开阡陌,民得买卖"。也就是说,从商鞅变法开始,土地变成了真正的商品,人民是可以买卖自家土地的。土地私有制度的出现,把中国推向了一个新的历史阶段。因为中国是一个文明独立的国度,它的文明传承和西方远远不同。中国的土地制度在前一千多年都是公有制、国有制的。"普天之下,莫非王土。率土之滨,莫非王臣。"这种国有制持续到夏商周三代与春秋时代,历时一千余年。直到战国商鞅变法,才把土地国有制变成了私有制。秦统一后,大中国全面实行了土地私有制。

  世界经济学有一个主流理论或标准:只有土地这种最重要的生产资料成为商品,这个国家才是商品经济国家。改革开放初期,很多国家不承认我们是市场经济,因为我们的土地不是私有的,是不可以买卖的。根据这样的理论,从商鞅变法开始,中国就进入了农耕时代的商品经济社会。所以,我们的商品经济出现得极早。此前中国，在黄帝时期的准国家时代，已出现以物易物的直接商品交换。战国商鞅变法将土地私有制用法律制度方式固定下来，使土地成为可以自由买卖的商品，中国就成了农耕时代的商品经济社会。

所以，中国不是没有商品经济，而是早在两千多年前就已经进入商品经济社会，不过它的生产力基础是农耕。过去的近现代中国理论一直认为中国没有出现资本主义，是因为中国没有商品经济基础。所以，当时有一大批经济学家和社会学家到处调查，试图在中国寻找"资本主义的萌芽"；从而力图说明，如果不是西方列强的入侵，中国的资本主义也会发展起来。这完全是对历史的误读，是一场误会。我们对自身历史没有发现能力。中国的商品经济社会出现得那么早，历代都有重农抑商政策，我们竟然认为自己没有商品经济。

我们目前的改革已进入核心时段，即土地所有制如何进一步改革？中国是一个独立文明形态的民族国家，具有特殊性。有一些国家几千年无论怎么时断时续，都没有出现公有制和私有制相互交叉的情况。但中国不同，前面一千多年是公有制、国有制，后面从商鞅变法确立土地私有制开始，又进入了私有制商品经济社会。

中国土地制度的变更，对中国的政治法则也带来了很大的变化。在传统理论中，就有了"三百年怪圈"之说。所谓的"三百年怪圈"，是说中国统一王朝政权没有超过三百年的。这被称为"三百年周期率"。"三百年周期率"实际是一个土地兼并周期导致政权更迭的政治怪圈。也就是说，一个王朝建立之后，头五十年基本是平稳的，五六十年以后就开始出现土地兼并现象。国家统一了，环境就稳定了；大环境稳定了，经济就发展了，商人就有钱了；有钱之后，购买的最大商品是什么，就是土地。商人买土地，当官的也买土地，土地就越来越多地聚集在少数人手里，这就是土地兼并现象。每一代政权到一百年左右的时候，土地兼并现象就严重了。到一百五十年、二百多年的时候，就成了"富者田连阡陌，贫者无立锥之地"，农民起义就爆发了。大量的失地农民开始上山为王，落草为寇，就开始了谋求生存而掀起的暴乱。所以，政权更迭的时候就到了。这就是三百年周期率的本质。这个本质，是土地所有制的天然兼并性带来的。

我们说这个问题的中心目的，就是从历史高度来看土地所有制变革。公有制给我们带来的危害，我们民族体会过。夏商周一千多年公有制，为什么战国之际全社会偷偷地都实现了私有制，而到了商鞅变法终于用法律的形式把它肯定下来？因为，夏商周三代的公有制，生产效率不高，生产者惰性太强。公有制的弊端，就是对生产力的刺激性不够。另一方面说，私有制也有巨大的危害，它的兼并性，它的掠夺性，它的不公平性太厉害了。土地兼并本身，就是财富的极大不公平的分配。这个道路，又是通过市场形式来实现的。所以，除非国家强力干预，依靠私有制市场的自行运转，远远不能消除这种危害。强力干预的基本政策，就是"重农抑商"。干预没效果，社会运动就要推翻政权。所以，私有制带来的危害，我们国家在两千多年中的体会无比深刻。同样，公有制带来的惰性，我们在前一千年也是体会非常深刻。

在这样的情况下，我们的土地制度改革往前如何发展，如何来实现最合理的社会利益分配规划？这是我们改革往前走，真正的深水区。前面的一千多年，公有制是富国家顶端，土地是属于国家的；使用权是层层分解的，是通过"分封"来实现的；层层分封，最终都是使用权。现在，要考虑如何既不淹没人民的生产积极性且提高生产率，又能在社会稳定长期发展中发挥作用，不至于因土地制度的变革而造成洪水猛兽式的极端不公平。

从这个角度，就能理解中国历代政府为什么要重农抑商，而非很多人最简单的理解。其实，这是中国文明非常自觉地保护国家稳定的一个基本政策。所谓重农抑商，就是遏制商业过分强大的物资周流能力，而不是不要商业。我们都知道，农耕时代的剩余物资，比现在要少得多；社会总体的物资生产水平，比工业时代要弱很多。这样的生产力产生的剩余物资，面对这么庞大的商业运作和社会资金，它经不起折腾。最大的商品，只有土地。各阶层人士最大的财富，最后都以占有土地为主要标志。所以，土地兼并就成为一个非常大的灾祸。要遏制这个灾祸，就要遏制官僚商人的土地兼并能力。所以，各个时代重农抑商，不是说不要商业，而是最大限度地遏制商人的购买力膨胀。

从商鞅变法开始，秦国对商业就非常重视，历朝历代对商业也非常重视。对国家有贡献的商人，国家也是高度表扬的。始皇帝时代立的怀清台，给大商乌氏倮的爵位，等等，都是重商的。也就是说，国家不是要抑制正当的商业竞争，而是要抑制商业的恶性竞争，尤其是土地兼并。所以，中国土地制度的改革日渐成为中国经济改革的核心，肯定是一个深水区。如何把这个深水区趟过去，寻找到合理的方式？考虑到公有制、私有制的历史交叉及各自利害，如何寻求平衡，需要给国家一些时间，在实践中去寻求合适的历史方式。在这一点上，我们应该采用邓小平"摸着石头过河"的思想。不经试验，仓促拿出什么样的决断，这是比较难的。

　　总体上说，变法图强，坚持改革，是国家强大的根基，是超时空的历史真理。在大争之世，变法图强更是国家根基。这个根基不确立，国家就不能强大，民族就无以竞争。因此，强国崛起的根基，就是要坚持变法，就是要坚持改革。

今问秦策

问

中国今天的商鞅变法是什么？

答

中国历史上没有改革这个概念，它只有变法。一个是革命，一个是变法。变法基本就是我们今天说的改革。一般来说，改革或变法，一点一点前进，和平前进，不是比革命更好吗？但是，历史实践不是这样展示的。历史实践给我们提供了一种非常艰难的选择,就是该革命的时候就要革命。革命的本意是以旧换新,革去旧政权的"天命",换上新的天命。变法则是通过改变法律制度的形式,来推动社会进步。各有各的作用。革命是一种质变,变法则是一种渐进,是对量变的要求。但是,深刻的变法实际上就是革命,深度变法就是革命。比如,商鞅变法就具有革命的性质。这不但体现在法律制度本身的内容上,还体现在变法家、改革家最后为改革和护法的牺牲中。

韩非的著作里有一篇著名的《孤愤》,论说法家之士发动变法(改革)的艰难。他说"法家之士"要实行变革,"不死于公法,必穷于私剑"。也就是说,改革者若不被旧势力公然以法律处死，就会结束在旧势力私家刺客的剑下。把战国法家的壮烈命运说得淋漓尽致。因此，变法的惨烈性，在战国表现得最鲜明。为什么？因为战国时代，尤其是商鞅变法，内容最深刻，彻底改变了旧的制度，重新划分了利益关系。商鞅之前，我们熟知的那几位改革家都善终了。比如郑国的执政者子产，也是一个春秋改革家，安安稳稳活到老。还有管仲，也活到了晚年。为什么？因为他们都是表层改革，旧势力不需要置他们于死地。子产死的时候，许多贵族还去送葬。商鞅为什么结局惨烈？旧势力老世族为什么非要置他于死地，甚至不惜全力猛扑？因为他给秦国老世族带来的利益伤害太深。从历史哲学的意义上说，要使国家进入新的稳定，深度变法所造成的社会裂痕，就需要鲜血去填补。这也是商鞅自觉走向刑场的原因，这是一个伟大革命家具有的深刻认知。改革和革命，到底哪个更好，要看具体的时代背景和出现的历史人物。

今天，中国四十年来的改革深度，已经超过了战国变法，超过了秦时的商鞅变法。第一，在这么广大的人口基础上，在大国推行一体化改革，这在战国时代是不可能的。小国和大国有着质的区别。在几千万人口的小国进行变法、实行改革，和在十四亿人口的大国推行改革，难度、深度和风险性，是完全不一样的。苏联为什么毁灭于改革之中？就是因为新的领导人完全没有理解改革的革命性和本质，完全意识不到这样的路子会把国家推向灭亡。

中国四十年来的改革,最成功的一点在于坚持了国家支柱力量结构的稳定性,始终没有被西方世界忽悠,没有自己推倒自己的四梁八柱。尤其是1992年邓小平南方谈话以后的第二次改革大潮,中国进入了深度改革时期。这个深度改革和摸着石头过河的初期改革,是不同的。能进入第二次深度改革,就是因为邓小平确定了"四项基本原则"。可以说,"四项基本原则"是中国改革开放的定海神针。它确保中国的经济根本不倒塌,不会发生颠覆性的局面。戈尔巴乔夫就禁不住西方忽悠,按照西方出的主意,把国有企业几乎全部变卖了。究竟如何认识改革的风险,国家应对不一样。中国没有接受西方对我们拿出的改革主张，究竟是因为我们的思想封闭、落后，还是因为这样一种方针在中国实行会带来深重的伤害？中国的社会根基究竟在哪里？中国要确立一个什么性质的国家，等等，都是改革的大问题。

邓小平的伟大作用就在这里。他对这些大问题，虽然没有系统的理论阐述，但是他的实践主张抓住了要害，使中国避免了苏联的错误。当时，多少公知与利益势力，都要求对国有企业实行私有化改造，变成股份制卖了去，甚至已经部分实施了。但是，中国坚持停下了脚步，在改革中适时地清醒过来。我们甚至可以用起死回生来说。这是曾经非常危险的一个阶段。现在，中国已经进入自觉改革的高度,但是曾经的历史,我们可不要认为那是容易的。苏联亡党亡国的教训,我们还没有认真地把它读完,还需要继续研究。

十八

大争之世的核心：

法治文明　聚结民心

中国古代历史上，完全的法治社会只有一百五十余年。

这就是从商鞅变法到秦灭亡的一百五十余年。除此以外，前面是王道之治，德治礼治；后面两千多年，是人治。我们国家和西方及其他区域国家不同的一点在于，我们没有过神权统治的历史，也没有过政教合一的历史。我们一直是世俗社会，是纯正的国家文明社会。德治、人治、法治，是我们曾经的三种治国形态。法治时期太短，所以我们国家的法治理念后来就很淡薄。当然，秦以后虽然不是法治社会，但并不是说它没有法。包括前面德治礼治的夏商周三代，都是有法的。只是，法不是最高位置的社会规范，德治礼治是最高规范。后面的人治社会中，皇帝的意志是最高规范；各级官员的意志也大于法律的规范。这就是"人治"。不是说它没有法，有法。甚至法条体系很庞大，但都是第二位效力。

因此，中央提出在中国全面建设法治社会，这是非常伟大的决策，这是文明转折与文明重建。我们要在工业、科学、经济时代，重建中国法治文明。这是一个非常扎实、非常具体、非常深入的基本举措。

实行法治的核心点是什么？我们长期有一个误解，很多人把"法治"当成了立法本位，称之为"法制"。这是不对的。法治，之所以写成治理的"治"，而不是制度的"制"，是因为法治是司法本位，而不是立法本位。在这一点上，商鞅变法对这个问题认识得非常深刻。商鞅的法家思想虽然有很多缺陷，但这是受时代限制而产生的局限性，而不是他基本面错误。他的许多思想，直到今天对我们还是很有价值。其中一个核心，就是他把法治的本质抓得非常精准。全世界的法治学说，都是司法本位论。从立法角度来说，我们国家的立法在全世界排名靠前，我们的法律制度已经非常严密，非常完备了。但是，为什么我们提出要建设法治社会？这是因为在我们的全民实践中，没有确立司法本位的社会环境。国家是由人组成的，社会也是由人组成的，法律也要由人去执行。法律在动态人群之中要落实，就必须靠人去落实，去执行，去遵守。所以，法治的本位和根基点，在司法，而不在立法。不是说立法不重要，而是说它不是根基，不是决定事物变化的根本点。

商鞅在《商君书》里有一段话，完整地强调了司法本位的核心思想。他说："国之乱也，非法之乱也。"国家发生动乱，并不是法律乱了。"国皆有法"——任何国家都有法律；"而无使法必行之法"——这句话完全是黑格尔法哲学理念的思辨语言——但是没有任何一种能够使法律自动运行起来的法律。也就是说，人类没有办法制定一部能够使法律自动运行起来的法律。因为，这部法律要规避人情，规避一切人为的干扰，还要依据人类制定的规则自动执行,要把这些规定落到实处而不受任何其他因素的干扰。那么,你拿什么来实现、来保证法律不受周围的干扰?迄今为止,人类也没有办法。因为,法律是人类制定出来的,社会是由人组成的;你要推行法律,就要依靠各级司法机关来进行;没有国家机器,没办法落实法律;而国家机器,又是由人组成的,不是由物质的机器组成的。商鞅的最终结论是:"故,法必出,令必行,至矣。"也就是说,法令必须走出庙堂,走向社会,落实到社会各阶层,达到理想境界,就可以了。

商鞅的司法本位思想,在我们现在的意识中还不是很清楚。但是,近现代西方国家早已清楚这一点。从本质上说,西方法律制度有虚伪性,但西方的法治理论和实践,确实比我们要成熟。它们对法律机构的设置,是把具有实际行动权的单元权力给予严格限制。公检法,法院系统的权力放得最开。为什么?法院是被动的,民不告官不究嘛。检察院系统,相对限制就要严一些,因为它有部分侦查权,有对自然人提起公诉的权利,权力有伸缩选择的余地。对公安系统，各国都是限制最严的，因为它是融入社会之中的，既服务又管理，侦查权的伸缩幅度大，跟民众的利益与行为息息相关。它有一万种理由，去做法律之外的事情，因此对这个行动系统就要有多方面的限制。这就是基于司法本位的法治本质理念，而对司法机构权力的设定。

法治社会是司法本位，就要求对司法体系在绝对意义上真正重视起来，使法律在执行中，实现真正的公平，弘扬真正的正义。我们现在有很多法律制度，但就是得不到执行，或者在执行中很容易走样。法治社会在中国的前进道路上，如同战国的问题一样，如同历史上的问题一样，关键在于使法律得到真正的执行，而不是仅仅立了多少法律。人民对国家的信心，一大半树立在法律执行的过程与效果中。一个冤案会引发多少人情绪的波动，以及对国家认知的偏差。法律的公平执行对于社会的意义，怎么估计也不为过。只有从司法本位这个角度去理解法治，我们才能知道法治社会的根本所在。

要特殊说明一个问题，就是历史上法治和德治的关系。在历史上，德治就是德治，法治就是法治，二者没有并提过。要说关系，法治能够包含德治，但德治绝不包含法治；德治对法治，只有干扰与牵制的不利影响。我经常写的一幅字是"德政在法"。意思是，真正符合道德的最高治道，就是（能够实现道德境界的）法治。因为，法治的意义，就是排除任何其他规范，法律规范至高无上。战国时代的法家有三派：术治派，势治派，法治派。商鞅是法治派的代表，术治派的代表是申不害，势治派的代表是慎到。通常把韩非当成法家的集大成者，实际上，韩非不是实践法治的集大成者，只是在理论上把这三家学说汇通，以《韩非子》之名成书。术治，是对官员的监察术。势治，以君王的意志为主导，本质上已经靠近人治。商鞅是法家派里主张法律至上的，"国无二法"。他的诸多出色思想，都非常值得我们现在汲取，像"有功于前，不为损刑。有善于前，不为亏法"等司法原则。

德治有一个最大的弱点，就是不具有普遍意义上的操作性。为什么西周作为典型的德治王朝却站不住脚，二百七十多年基本就崩溃了？关于周代的政权生命，我们一定要纠正一个认识：它不是八百年，西周就是它的有效期，二百七十多年。从周平王东迁到洛阳，"秦为诸侯"，春秋时代就开始了。到春秋中后期王权衰微，已经是"高岸为谷，深谷为陵"，"黄钟毁弃，瓦釜雷鸣"。也就是说，王权时代已经崩溃了。

德治的西周为什么会崩溃？这是一个深刻的历史课题。说到底，德治之所以崩溃，是因为它不具有普遍的操作性。荀子说，德治礼治，只有那些高尚的人，文化层次高的人能够实行。孔子也说，礼不下庶人。不是说礼不适应于庶人，而是说庶人没办法实行那些礼治规范。而且，"礼"在执行中的差别太大，没办法制定统一标准，没办法操作烦琐的礼仪规范。为什么西周十几任天子，基本都是大德贤君——按后世的标准去衡量的话，但是《史记》中却每每有"天子失德"的记载？明明没有什么重大事件，怎么就失德呢？

以祭祀中的"三牲之礼"为例。这"三牲"只能是马、牛、羊呢，还是可以用其他的大型牲畜代替？是只用它的头，还是用全身？几乎每一个环节都无法做到准确的执行。再比如西周的婚礼，最早有明确的规定：在求婚环节开始时，求婚的男子必须给女子送一只大雁。因为，雁是万物守信的最杰出代表，四时寒暑，定时往返，不会违背信誉。而婚姻是人生中最大的信誉结合，所以《周礼》规定男方要送一只大雁给女方。但自然环境多有变化，有些地方没有雁怎么办？或者说，打到的雁还没送去就死了，怎么办？这些问题，是没办法实际执行的。后来，婚礼也自然而然地发生了种种变化。在周代，"礼"是大于法的，"礼"比法的效力要更高一层，"礼"高于法。

三代都有法，夏代是"禹刑"，商代是"汤刑"，周代是"吕刑"，各有自己的法律规范。但是，法律规范必须服从礼制规范的道德诉求，礼是最高的国家规范。然而，"礼"不具有操作性，所以"礼"在实行过程中，很多人往往会"失德"，会"非礼"。

一个环节操作不好，一个环节你没注意，就会失礼失德。对于广大人民群众来说，礼很难成为能够让大家遵守的规范。

法律则不一样。法律是底线规范。古代法律更多的是禁止性规定。因为，人应该做什么、怎么做，规范不完；国家就把禁止的行为规范下来，禁止行为之外的事情，大体是可以做的。汉高祖刘邦进入咸阳后，为什么和咸阳父老"约法三章"？就是为了先把杀人、偷盗、抢劫这三类行为防止了，先使社会基本安定下来，其他的慢慢说，到时候再规范。所以，法治是人能共同遵守的，它是底线规范。法律不做上限的规定，法无上限，你做得比法律境界更高，那法律会用规定的方式褒扬你，比如国家颁发给有功人士勋章，就是褒扬的办法。

因此，法治社会就是法治社会，法治就是最高规范。我们在理论上、实践上都要清楚这一点，这对国家治理方式的正确选择，以及建立真正的法治社会，具有极大的意义。

十九

大争之世的聚合力：

文明融合　文化认同

任何时代，任何国家，人口壮大都是第一位的问题。

中国文明和西方文明的一个很大不同点在于，它是一个以文化认同为核心的民族。我们的民族群落，是像滚雪球一样不断壮大的。今天，被称作"汉人"的民族，是文化主体民族。其实，历史的真相更为深刻饱满。从黄帝开端的五帝时期起，我们的远祖根本数不清有多少民族，是世界上独一无二的文化融合民族群。到夏商周三个时代，中国腹地周边仍然有大量差异化的文化民族群落，四面包围着我们。史料中的说法是"四夷围之，中国不绝如缕"。历经长期的渐进的历史融合，通过各种各

启 今

样的方式，有摩擦，有差异，有矛盾，有冲突，也有战争。在中国历朝历代的长期磨合中，都实现了妥善的文化融合，形成了中国文明庞大广阔的民族群落。

中国民族群的形成，有一个很大的本质性特点。它不是基于宗教认同，也不是基于偏狭的单一生活方式认同，而是一种文化认同。很简单，居住在中国，写中国字，过中国习俗的生活，认同中国人的价值理念，这就是中国人，就是中国民族。从黄帝时代起，我们的民族像滚雪球一样不断壮大，是因为中国文明有一个根基性的基因。这个基因，我们一般人不去研究它，也可以说，没有发现它。

这个文明基因，就是中国最早出现的宗法制。它对于民族的扩展交融，起到了很大的开端性作用。宗法制在现在看来，历史面目已经模糊了。我们过去是把它当"封建糟粕"对待的。其实，宗法制在早期，对文明的推进作用是非常大的。因为宗法制把天子王权的地位推向了最高，把部族权、宗族权、氏族权等血缘权力，遏制到次要地位，成为王权之下的臣服层级。从世界现实来讲，凡部落酋长国和所有的部族、氏族政权，譬如非洲就存在这样的小政权群体，是非常反对外来人口融入的。我这个氏族就是我这个氏族，我这个部落就是我这个部落。中国的早期社会也是这种状态，以部族血缘为最基本点而传承，是早期的实际制度。如此，这个族群就很难扩大，因为它不接受血缘差异的人口。也不是说它永远不能扩大，但是非常缓慢。

但是，宗法制不同。宗法制第一个最大的理念，就是王权大于族权，君权大于族权。再加上王权的嫡长子继承制等制度，君权的强大性与继承性被明确下来。一旦一个人成为国君，成为联盟政权的首领，即使他在本族中的辈分比较低，所有高辈分的长老们都要行大礼，臣服于王权之下。王权带来的必然性好处是，王权本身希望更多的人口进入其辖区范围之内。一则，对其他族群的摩擦是一种制约。再则，王权的势力会越来越广。因为王权比族权大，族权对人口融入不再具有抵抗性，而是变成了（对人口扩大的）开放性。这就是宗法制在远古时期对民族群文明融合起到的作用。正是因为宗法制在基因上确立了民族群交融的特质，中国民族群在后面的不断发展中，才能一直坚持民族交融的传统，坚持民族交融的历史实践。

在世界所有的民族中，中国民族的交融力是最强大的。因为中国民族不排斥血缘差异，不排斥宗教差异，不排斥习俗差异，不排斥任何文化差异，只坚持文化认同。这天然地生成了中国民族最大的交融魅力。同时，在经商的本领和融通的本领上，我们是世界民族中最强的。世界上号称最难融合的犹太人，在中国宋代有几百户犹太人定居开封，最后完全变成了中国人。甘肃曾有罗马帝国的残余远征军流落进入，后来也全部变成了中国人。但是，中国人如果流落在外国，则很难发生这样的彻底变化。为什么？这就是中国文明的内在魅力。

民族交融的根本，在文化认同。这一点，是中国民族非常强烈的一个特质，天然具有亲和力，具有融合性。它不基于血统认同、民族认同或宗教认同。以战国时代为例，西南的四川、贵州、云南等地都有大量的多差异族群存在，但是都没有发生大的战争冲突。秦惠王之前，巴郡、蜀郡是两个不同的国家，不同的族群，都没有融入中国文明体系。但是，当这两个国家发生战乱的时候，秦惠王派出兵力去调解，两个国家最终臣服了秦国，融入了中国民族群，成为中国文明的一部分。秦派去了大水工李冰，修了都江堰，巴蜀之地就富裕起来了。

基于这个历史特质，我们现在的民族政策在某种意义上值得反思。我们应该淡化民族区分（差异）。因为受了苏联的影响，我们建立了专门的民族理论，在过去几十年之间辛辛苦苦地发现诸多少数民族的存在，力图证明我们是一个多民族国家。这是符合客观现实的，本身无可厚非。但是，这样做带来很多社会问题。从长远的历史经验来看，我们应该反思。如同对"计划生育"政策，我们现在就完全是另外一种认知。

民族问题也是一样。我们最根本的原则是各民族平等。但是，我们总是把少数民族的区别强调得那么鲜明，这合适吗？我们应该向中国历史上的优良传统靠拢，即交融第一，差别第二。我们应该确立这样的理念。很多方面，我们都把差异放在了第一位。比如，每次开人大、政协会议的时候，少数民族代表都要穿上各民族的传统服装，看起来很漂亮。一位藏族青年朋友告诉我，藏族青年现在很能融入当代生活方式，他们平常都喜欢穿西装和牛仔裤，没有几个人喜欢穿传统藏服。这位朋友说的是不是能够代表所有的藏族人，我不能认定，但作为一个文化融合的历史细节，国家不需要去强调这个差异性。日本人几乎是单一民族，就不成国家了？民族的文化融合性，是最高原则。什么叫聚合力，什么叫黏合剂，我们现在一定要把细小的差别都用铅笔画出来，这是一种误读。民国期间，孙中山提出"五族共和"。我们现在已经有大半百个少数民族了。

我们一定要把中国民族的交融性特质表现出来。某种意义上，过分强调这些细微的生活方式差异，可能给民族分裂分子不自觉地提供了社会精神的条件。只要我们真正奉行民族平等的政策，很多政策都可以重新规划。中国民族政策的交融性，以及对少数民族的宽大性，确实是世界上最强的。但是，作为高层的国家理念，还有改进的余地。也就是说，我们根本是要强调共同性。现在很多民族理论，包括很多学者，都喜欢把国内某个民族的文明说成是独立发展的。其中，尤以西藏问题为最。为此，我写了一部纪录片脚本，中宣部和西藏自治区把它列为重点项目，名为《雪域中华》。我以历史考据的方式，特别揭示了西藏人口的起源及藏传佛教两个方面的中国根基。其一，西藏佛教根本不可能直接从印度大规模传入，这完全是有意的历史误读。松赞干布时期，藏族才开始发明文字，即或有一两个人到印度学佛，也绝对不具备把佛教经典传回西藏的条件。西藏佛教，本是通过唐代大规模传入的。文成公主进西藏嫁给松赞干布时，手里抱着一尊佛像，身后是几百车经文与几十个大师的宗教翻译团。金城公主进藏也是一样。西藏佛教如果真正是从印度传入的，那么当时的藏文还处在很低的发展水平，哪有能力去翻译庞大体系的梵文经？而且，印度那个时候的佛教已经进入衰落期。唐玄奘取经以后，印度佛教急剧衰落，被哪个民族灭了到现在都是历史黑洞。印度怎么有能力派遣使团到西藏传教？所以，各种文献和历史实践的考据都说明，藏传佛教就是中国佛教体系的另一个版本，西藏文明就是中国文明的一部分。

其二，从地理环境来说，远古时代的青藏高原崛起以后，向西没有出口，只有向东进入中国内陆的出口。它怎么能够隔绝于中国之外独立发展？历史实践也证明，从松赞干布时期开始，西藏与中国本体文明的融合度已经大大增强，不存在西藏文明独立发展的问题。

其三，从人种上来说，羌人，青海地区的古羌人，是西藏原住居民的重要构成部分。华北大平原的远古人类，也是西藏原住居民的重要构成。这在西藏当代考古中都得到了证明。

历史实践证明，中国民族的不断趋于同一性，是居于主导地位的文明潮流。拿宗教上的"独立性"

企图给民族分裂分子制造依据,是站不住脚的。我想,中国学界应该更多地发现和揭示民族文明的融合性问题。

二十

大争之世战略法则：

强力反弹　有限扩张

"强力反弹，有限扩张"，是中国民族从上古三代就确立了的最大战争战略智慧。

有一个现象，世界上很多国家一直企图扩大自己的领土。但是，最终几十年几百年下来，往往一寸都没扩大，领土反而缩小了。典型如日本，为什么？中国民族创建的历代国家政权，有一个最基本的特点，或者说最高的战略原则：从来不主动大规模地侵略别国，从来都只是强力反弹，有侵略战争我就坚决打回去；如果国势强大，我获得了战争的胜利，我也不主动大规模占领对方的土地，而只是有限地占据对方的军事前沿地区，把你向我进攻的跳板拿掉。譬如秦汉两代，两次大规模反击匈奴，秦反击到北海贝加尔湖，西汉霍去病也反击到贝加尔湖。为什么？因为贝加尔湖是匈奴王庭所在地，是像天上的云彩般流动的匈奴各部力量的集散地；这个地方有世界上最大的淡水湖，匈奴部族逐水草而居，享有最好的生存条件。把这一地区打掉并占据下来，就完成了我们的军事任务。对于力所不能及的或自己不能控制的地方，就不去占领。这就是中国最高的战略法则。

因为坚持战争的有限性，或者说有度原则，中国的领土虽然曾出现缩小，但是它的根基始终是稳定的，它的核心腹地始终是不动的。对战争战略问题的处理，中国民族是最有智慧的。一朝一代不能说明问题，一代政权不能说明问题。因为历史上众多国家，最多不过是千余年的存在，且都是一代国家的存在形式。中国，则是一个在文明实体下政权反复更迭的动态国家生命体。

话说回来，这是中国民族成熟的方面。在国家时代，以国家为平台而竞争生存。中国民族创造了"国家"这个平台以后，经历了二次觉醒。什么叫

启今

二次觉醒？就是中国人最先注意到一个问题：我们这个民族创造了国家，依靠国家为平台增强了我们的竞争力；可是，如果这个"国家"有了问题，来反噬我们民族，怎么办？在历史实践发展中，夏商周三代政权的更迭，给中国民族敲了警钟：国家政权是可以改变的，甚至有可能被消灭；国家被消灭以后，我们得重新去创造新的国家政权，因此必须为创造政权留下回旋的余地。也就是说，（在动荡时期）至少要有一个族群聚集的实体依托。于是，产生了"中国"概念。"中国"的概念产生得很早，目前发现最早的文物来自"何尊"——西周祭祀礼器上刻的"中国"两字。这说明，至少在西周时期，"中国"已经是一个共同概念了。到了春秋战国时期，"中国"已经成了一个普遍使用的大概念，超越了政权层面，深化为一个文明实体概念。也就是说，"中国"是一个由庞大人口族群融合而成、共同生存的文明实体，它所创造的政权是可变的，而"中国"则永远存在。迄今为止，中国维系时间最长的政权是商代，持续六百多年；西周是二百七十多年；春秋战国是五百余年，属于不同的时代，不能算为周的政权生命。

总体而言，不管多少年政权，都有可能灭亡。一个政权灭亡以后，中国人基于文化认同，和世界其他所有民族在政权灭亡以后的表现是不一样的。中国民族群仍然在这块土地上聚集着，在这里生存着，不会弥散而去。中国民族在大规模外敌入侵而政权灭亡之际，也不会出现大规模四散逃亡、向世界弥散而去的现象。为什么？因为大家不约而同地有一个实践形成的经验认知，就是政权还是要换的，还是能换的。我们民族中的英雄人物，在这个时候就会自觉地大批涌现，组织民族挽救国家，实行政权更迭。

中国人有改朝换代理念。这一点和所有民族不同。中国民族把国家看成一个动态平台——是我这个民族创造了国家，这个国家政权是可以改换的，人民不满意了，就起义推翻它，改换为新的国家。其他任何民族都没有这样的二次觉醒。像古希腊城邦、古罗马帝国，八九百年、一千多年就灭亡了；

灭亡以后，本体族群就永久地弥散了。世界上几乎全部国家都是这样，只有一个波斯民族，出现过二次复国——老波斯帝国灭亡四百余年后再造新波斯帝国，这是个例。为什么中国能够成为五千年永不灭国的民族？原因就在于我们的国家文明是动态生命体，而其他所有国家政权，都是静态的一次性文明体。

我们要在历史中寻求那些密码性的东西。至少"强力反弹，有限扩张"这种并不见诸史料而只渗透在历史实践中的最高战略法则，应该成为大家重视的历史经验。

今问秦策

〖问〗

如何看待英雄主义的逐渐消解？

〖答〗

目下，我们正处在一个平庸的时代，"蓬

间雀"意识已经弥漫为我们社会的主流价值观。我们正以种种形式消解着我们的英雄精神，消解着我们的生命状态，消解着我们对光荣与梦想的追慕，消解着我们民族精神中最为可贵的敢于创造、敢于牺牲、敢于向人生高峰攀登的血气与品格。我们民族在原生文明时代的那种大阳精神，那种奋进品格，那种血气争心，那种强势生存的英雄气概，统统都成了我们这个时代嘲讽的对象。这是我们这个时代最为深刻的悲剧。

否定英雄，消解英雄精神，只能使我们的文明价值观念体系走向崩溃，最终走向虚无主义的深渊。

有一种说法是，将来的社会不再需要英

雄。但我们先得把英雄的定义弄清楚。英雄就是任何时代人群中涌现的有创造性思维、有创造性行动、有牺牲精神的那些人。这样的英雄，什么时代不需要？我们现在不鼓励创造性思维吗？当代人智商越来越高，文化越来越普及，创造者日益增多。这表现出英雄的平民化，不像古典英雄那么崇高、那么伟大，但远远不意味着我们不需要英雄。

我们的时代，是最需要英雄崛起的时代。

二十一

大争之世的新精神：

马克思主义中国化问题

马克思主义中国化，是中国新理论体系发展的历史方向。

马克思主义在中国的出现，是一个伟大的里程碑。这个里程碑之所以在中国能站得住脚，就是因为它给我们民族一种重新崛起并实现文明重建的理论性语言谱系。新的理论体系，使我们在工业时代有话可说了。因为，国民党传承的是中国古典文明中那些已经变成了糟粕的东西。那些东西，已经在历史中，在近代工业革命中，证实了它的力量不足，硬度不足。我们民族强有力的硬朗的时代，已经被那些东西扭曲得太厉害了。也就是说，近代史以来，很多政治力量在继承中国既定旧思想理论的情况下，都没有站住脚。

只有中国共产党，接受了马克思主义这种新理论，在中国站稳了根基。马克思主义之所以能在中国站住脚，是因为它和中国原生文明的社会理想有暗合之处。中国原生文明有"大同"理念，和共产主义是有相合点的。两者产生于不同时代，但都是人类发展的最高理想，在内涵上是暗合的。所以，它在中国能够站住脚，能够作为一种最高信念去鼓舞民族精神的新生。中国当时的激进青年，革命青年，为什么都聚集到马克思主义周围？就是它有内在的深刻影响力，具有和中国文明的暗合（共鸣）之点。如果完全是两张皮，和中国文明没有基础暗合，它是不会在中国生根的。

第二个基本点，在马克思主义生根的历史过程中，中国文明中的"革命"基因，又给马克思主义解决中国问题，提供了丰厚的历史经验。中国的国家文明，本身就是一个"革命"的文明。中国从周灭商开始，就提出了"革命"的概念——"汤武革命"。革命的本意是什么？就是吊民伐罪，诛灭暴政。当然，后来时代的革命，土地兼并以后起义性的革命，就变成了求生存的革命，而不是求理想的革命。这是中国文明中的革命形态的变化，这是另外一个问题。我曾经在大学与党校，都专门讲过一个内容："中国文明和中国革命。"就是讲马克思主义中国化的必要性和历史过程。马克思主义之所以必然要"中国化"，是因为中国文明发展中的革命实践——尽管革命的内涵不同——给现实的革命提供了大量的具有操作性的实践经验。所以，中国共产党突破困境，取得累累硕果，从很弱小的几十个人壮大到数十年以后建立了新的国家政权，其间解决中国基本问题的方法，基本都来自基于中国历史实践经验的新创造。

马克思主义理论体系中，并没有解决中国问题的方法与策略。马克思主义的基本点，是一种成体系的革命认知论；对于中国文明、中国历史、中国社会现实等，并没有给出现成的明晰的答案。解决中国问题的道路和方法，是毛泽东一代共产党人从中国文明的发展实践中汲取经验而实现的。中国文明中，有丰厚的革命经验，有强烈的军事斗争精神，有更迭政权的多种方略。毛主席分析中国红色政权为什么能够存在，答案就是割据势力的存在，使红色政权有夹缝可以生存发展。

总体说，马克思主义中国化，是马克思主义在中国长远立足的一个根本。马克思主义在现实中，之所以能够成为中国需要的精神支柱，是因为它本质上是我们民族实现新时代文明重建的语言谱系，或者说理论武器。一个大的民族，没有理论是不可想象的。没有理论，意味着没有信仰，意味着对自身的说明非常缺乏力度。中国古典文明，给我们形成了一套语言谱系，但在现代社会需求条件下，很难立即把它翻新为革命性的理论体系。

因为，自从儒家独尊以后，偏狭的保守主义理念成了中国文明的主体思想。距离说明中国民族的时代需求，相差很远。在这种情况下，马克思主义的传入，给中国输入了一种能够对我们自身生存状态及其历史需求进行说明的认知方法和认知体系。我们能够依靠这个体系，去创造属于我们文明发展的东西，能够继续说明我们生存发展的东西。所以，马克思主义中国化还得往前走。这是中国所有的知识分子，所有的智库人物，所有的思想群落，都必须确立的明确意识。

根据中国文明的特点，只有马克思主义能够融合进来作为认知论基础。其他的理论体系，物竞天择（天演论）、达尔文主义、无政府主义、乌托邦主义、自由民主与三权分立等，都曾经在近代史被诸多人信奉，甚或小范围试验，但都跟中国文明根基不合。从本质上说，它们都是"丛林法则"的产物，跟中国文明的生存发展传统不相符合，中国人压根接受不了。

马克思主义，是中华民族唯一能够接受的一个庞大理论体系。因为它最终主张人类共同富裕，主张人人平等，主张解放全人类才能解放自己；在中国原生文明中，就是大同境界，就是天下意识，就是兼爱非攻，本质上并无二致。不管这样的理念多么地被很多人批评为不可实现，或者说很难实现；但是，作为一种反战需求的信仰——人类命运共同体，还是激励我们持续发展的民族新精神。人类文明在探索前进，探索需要理论。历史实践证明，只要围绕着这一点往前走，我们的方向就不会错。

二十二

中国新法家：

复兴大潮中涌现的新文明理念

中国新法家，基于对中国文明史的重新认识而产生。

这种重新认识，其基础理念是：中国文明，是世界文明中极具特色的独特文明体系；在漫长的发展历史中，中国文明发生了沉沦式的演变；演变的结局是：博大综合的文明体系被生命力最为衰微的儒家文化所取代，以诸子百家为生命形式的综合文明严重萎缩，生命力最为强盛的法家体系，沦为封建专制的卑微工具，从而导致中国国民精神的严重衰退；中国古代文明中，最有价值的理念体系，是诞生于春秋战国并在秦汉两代历经三百余年（秦孝公到汉武帝）实践的法家体系；所谓法家体系，是以先秦法家为轴心，以兵家、墨家、纵横家与农家、水家、工家等诸多实用学派为大同盟的中国强势文明系统；这种法家体系，是中国古代最成熟最辉煌的价值观体系，其求变图存的改革理念，求真务实的实践能力，强健昂扬的生命状态，强势生存的价值取向，关注民生的治世主张，以国家兴亡为己任的人格魅力，力求领先时代潮流的创造精神，震古烁今的历史业绩，等等，都远远超越了基于复辟根基而产生的儒家体系，是中国文明体系中最为灿烂的奇葩，也是最具继承性的历史遗产；中国民族要实现真正复兴，必须以复兴先秦文明的轴心——法家体系为历史条件，建立真正符合中国历史传统又符合今日国情的新文明体系。

是故，中国新法家理念应时而生。

中国新法家的核心理念之一是：人类文明史是渐进的历史过程，各个民族的文明史也是渐进的过程，它需要耐心，更需要饱满昂扬的生命状态，做持久的努力奋争；以国家形式为载体的文明发展，不可能抛弃本民族悠久的历史传统；任何民族在任何时代，都必须在自己的文明历史中发掘最有价值的文明遗产，结合当代历史潮流而形成最具有推进力的社会价值体系；以中庸、忠恕为世界观基础的儒家体系，完全不具备当代中国民族所需要的昂扬强健特质；百年中国，备受欺凌，其最深刻最本质的原因，是中国文明体系综合征所导致的国民精神萎缩，而绝不仅仅是单纯的生产力问题；半个多世纪以来，中国发生历史巨变的最根本原因，在于中国共产党以民族大义激发凝聚了中国民族的强势生存精神，中国民族真正挺起了脊梁，在血与火、贫困与灾难中接受了极其残酷的挑战，才昂昂然自立于世界民族之林；历史告诉我们，国家与民族的生命力，首先取决于国家与民族的生命状态；数十年前，毛泽东的一段话所勾勒的中国民族的强势生存精神，具有不朽的意义——我们中华民族有同敌人血战到底的气概，有在自力更生的基础上光复旧物的决心，有自立于世界民族之林的能力……这种硬骨铮铮的强势生存精神，正是中国法家体系的最核心理念与最辉煌篇章；只有全面发掘、全力翻新以战国法家为核心的法家体系，并注入当代文明的新鲜血液，中国才有最为强劲的精神动力。

中国新法家的核心理念之二是：中国民族具有悠久的"一"崇拜传统，具有悠久的反多头政治传统，具有极其强大的统一国家传统，这是历史给我们遗留的文明现实；中国有过分裂与多头分治的历史现实，但是从来没有过多头分治的价值观念；这种强大的"一"传统，曾经长期牢固地凝聚了我们这个多民族国家，使中国文明在辽阔的国土上汪洋般地发展壮大，使中国在最衰弱的时代艰难维护了文明的延续；这种传统，曾经带给我们无尽的光荣与辉煌，我们没有理由责备历史形成的传统，也不可能一朝改变这种传统。唯其如此，新法家主张：正视中国国情，以经济文化发展为相当历史阶段的核心使命，政治文明渐进化，不追求西方式的民主政治，允许在历史的脚步中探索符合中国国情的政治文明体系。

中国新法家的核心理念之三是：中国人要对世界保持清醒的认识，不能盲从，不能重蹈苏联被西方和平演变肢解的惨痛覆辙；当代西方民主，是一种以金钱和掠夺为基础的职能分权代议制民主，它通过将民众原子化与整体无意识化，从而实现了资本统治；这种民主形式，既不适合中国现实，更不适合中国历史传统；中国政治文明体系的最终成熟，是一个艰难的长期的发展过程，我们既要吸取西方有价值的东西，更要寻找那种能与中国传统与现实相结合的东西；这种兼容不同文明而作出最出色的历史选择的本领，是中国文明的先天优势，也是中国文明的又一个强大传统；我们要对中国文明的化解能力有最充分的自信心，要有古典法家的在实践中磨合创造新制度的历史精神。

中国新法家的核心理念之四是：人本精神的最终体现，是人的自由平等；自由平等的实现途径不是一条路，西方的道路不是唯一的正确道路；只要一个国家一个民族明确地提出这样的历史目标，我们就要允许其拥有实现这个目标所需要的历史时间。

中国新法家的核心理念之五是：中国要建设法

治社会，不能全盘照搬西方法治理论体系，而要在中国法治传统的基础上推陈出新，创造既具有时代进步性，又具有中国文明特色的法治体系；要实现这个伟大的目标，首先得承认先秦法家体系的文明价值与历史作用，辛勤发掘，努力整理，翻新出新的中国法学理论体系；先秦法家具有完整严密的理论体系，比同时代儒家的言论式记载与整理编辑文化成果，具有不可同日而语的原创价值；《法经》《商君书》《韩非子》《荀子》，以及发掘出土的秦法竹简等，都是最为宝贵的历史遗产。

综上所述，中国新法家的自我定义是：坚持民族文明复兴的立场，立足发掘中国先秦法家体系的文明价值，探索符合中国国情的未来法治框架，探索中国发展道路的当代学派。

一个伟大的民族，必然是一个清醒的民族。

一个伟大的国家，必然是一个清醒的国家。

清醒的声音，是一个民族最具勇气的声音。

对于一个民族，最大的勇气是什么？最大的清醒是什么？是抛弃曾经的腐朽价值体系，是发掘被历史烟雾湮没的优秀文明传统，是重塑必须重塑的新文明体系。虽然道路漫长，我们不可能对样样事情提出具体主张，但我们相信，只要我们有认真的探索精神，道路就在我们脚下。